(Organizadores)
Profº. Antonio Carlos de Azevedo Ritto
e Profª. Marinilza Bruno de Carvalho

O Estudo da CONSCIÊNCIA

Inovação Pessoal e Redes Sociais

(Organizadores)
Profº. Antonio Carlos de Azevedo Ritto
e Profª. Marinilza Bruno de Carvalho

O Estudo da CONSCIÊNCIA

Inovação Pessoal e Redes Sociais

EDITORA CIÊNCIA MODERNA

UERJ
UNIVERSIDADE DO ESTADO DO RIO DE JANEIRO

FAPERJ
Fundação Carlos Chagas Filho de Amparo à Pesquisa do Estado do Rio de Janeiro

O Estudo da Consciência – Inovação Pessoal e Redes Sociais

Editor: Paulo André P. Marques
Produção Editorial: Dilene Sandes Pessanha
Capa: Luiz Felipe da Silva Coutinho e Ismael Souza da Silva
Revisão Técnica: Monge Jinanananda Avadhut (Prof. Cirhigiri Mukasa)
Diagramação: Daniel Jara
Copidesque: Equipe Ciência Moderna

FICHA CATALOGRÁFICA

RITTO, Antonio Carlos de Azevedo; CARVALHO, Marinilza Bruno de. (Orgs.)

O Estudo da Consciência – Inovação Pessoal e Redes Sociais

Rio de Janeiro: Editora Ciência Moderna Ltda., 2020.

1. Conscientização – Personalidade - Consciência

I — Título

ISBN: 978-85-399-1088-5 CDD 126

Editora Ciência Moderna Ltda.
R. Alice Figueiredo, 46 – Riachuelo
Rio de Janeiro, RJ – Brasil CEP: 20.950-150
Tel: (21) 2201-6662/ Fax: (21) 2201-6896
E-MAIL: LCM@LCM.COM.BR
WWW.LCM.COM.BR

02/20

Prefácio

Tecnologia e Expansão da Consciência

Fica cada vez mais evidente o impacto da tecnologia sobre nossos cérebros e sobre a nossa compreensão do mundo, a maneira como pensamos, a maneira como aprendemos e a maneira com agimos. Os novos produtos de mídia, como aplicativos, videogames, realidade virtual, ambientes multimídia e internet em geral, têm potencial intenso para proporcionar expansão da consciência. Nosso mundo e nossas relações com o mundo são cada vez mais mediadas pelas tecnologias que usamos, sobretudo redes, com destaque para as redes sociais.

Uma pesquisa sobre as relações das diversas culturas com as ferramentas tecnológicas como meio de buscar conhecimento revela como vários artefatos tecnológicos podem ser usados para amplificar a cognição e nos levar a internalizar habilidades mentais, expandindo nossa consciência. Do tear à palavra escrita, vimos surgir uma relação entre a cognição humana e a autoconcepção e o desenvolvimento da tecnologia[59].

Há uma perceptível confusão em torno do que implica a consciência e que disciplinas e abordagens estão melhores equipadas para estudá-la. A lista de disciplinas que tratam de consciência é grande e inclui psicologia, psiquiatria, neurologia, neurociência, inteligência artificial, matemática, teoria do caos, física, filosofia, dentre outras, cada uma com sua própria interpretação sobre a natureza da consciência. À medida que as pesquisas sobre a consciência progridem, o estudo da cognição, da percepção, da memória e do sentido do eu fica cada vez mais essencial para a nossa compreensão da consciência.

---

[59] MURPHY, Stephen. Media Technologies, Cognition And Consciousness-Expansion. Extraído de http://assembleit.net/wp-content/uploads/2016/09/Media-Technologies-Cognition-and-Consciousness-Expansion.pdf, em Abril de 2017.

O crescente poder das tecnologias, mormente redes, e mais intensas e plurais formas de comunicação, permitem que mais pessoas se envolvam com novos aplicativos e novos produtos de mídia. Os aplicativos das mais diversas naturezas e funcionalidades, usados com as possibilidades de networking, abrem novos campos de interações com sistemas representacionais e simbólicos.

Nossas crescentes habilidades na criação destes aplicativos permitem a utilização de ferramentas complexas para manipulação e geração de mídia. A capacidade de criar representações e ambientes mais envolventes com novas mídias expande ainda mais os tipos de experiências mediadas com as quais uma pessoa pode se envolver. A internet e os hiperambientes disponibilizados empregam várias estratégias de representações e sistemas simbólicos para disponibilizarem um conjunto único de personagens, criaturas, ações, informações, eventos e lugares. A popularidade desses produtos determina a importância de examinar o ambiente mediado e explorar suas potencialidades.

Estamos vivendo um tempo intenso em conhecimento como fonte de riqueza e um processo crescente de comunicação e intercomunicação individual, social, econômica e política. Culturas diferentes se encontram em vários espaços de produção e de tomada de decisão e de realização de trocas de diversas ordens, seja no campo politico, social, econômico com influência no cotidiano das pessoas através das inúmeras manifestações das redes sociais.

A economia está intensamente baseada em conhecimento e inovação tecnológica determinando, entre muitas outras coisas, educação continuada, ou mais propriamente, aprendizado continuado, permanente. Há novas formas para as pessoas se manterem atualizadas, se inserirem no mercado de trabalho, de administrarem aspectos previdenciários, se relacionarem social e emocionalmente.

A era do conhecimento cogita tecnologia, mas está voltada para as pessoas, fonte geradora do conhecimento e base fundamental de suas melhores utilizações.

Anteontem a luta era pela terra, ontem pelos meios de produção, hoje importa acesso à informação e a conhecimento e muita colaboração, muita interação.

É preciso energia intelectual substancial e constante para tratar dos impactos decorrentes das transformações provocadas pela automação acentuada, pela inteligência artificial e para a incorporação dos poderes de tecnologias como impressão 3D, computação em nuvem, Big Data, Internet das coisas, realidade aumentada, dentre outras. Que novas competências precisam ser desenvolvidas? Que novos conceitos de serviços terão que ser lançados? Que novos programas de desenvolvimento? Como conviver com a uberização - trabalho sob demanda? Que iniciativas de regulamentação em curto e longo prazos? Que novos comportamentos? Que novos Princípios Éticos? Que novas relações pessoais? Que novas formas de inserção?

Intensificam-se as relações entre as pessoas e aumenta a necessidade de especificações cada vez mais detalhadas e formalmente aprovadas pelos agentes, para que seja viabilizado o trabalho através dos canais de suprimentos envolvendo múltiplas parcerias nos processos horizontais de produção fragmentada em redes com elevado grau de automação.

O ritmo das mudanças tecnológicas está transformando todos em aprendizes. Instituições antes definidas pela organização física dos seus recursos se transformam em flexíveis conexões cooperativas. Práticas novas emergem dos novos formatos de relacionamento no âmbito das organizações públicas e privadas, no âmbito das pessoas em praticamente todas as relações que mantêm, num tempo de globalização agressiva, redes sociais de toda ordem, mudanças rápidas nos negócios e nas relações pessoais, comerciais, de produção, públicas, privadas, nacionais e internacionais.

O Objetivo desta 4ª Tertúlia sobre Estudos da Consciência, desta vez com foco em **INOVAÇÃO PESSOAL E REDES SOCIAIS**, é apresentar e discutir os conceitos e os formatos que norteiam e acomodam os agentes que atuam nas redes de produção e os acordos, formais ou não, que podem viabilizar estas redes, sua natureza, seu objeto, de forma a possibilitar a autonomia e a integração dos sujeitos nos processos compartilhados sejam de ordem social, sejam envolvidos com empreendimentos ou produção.

Que novos níveis de consciência e de ética precisam estar envolvidos para conciliar os diversos agentes e a participação de cada um nos ambientes de colaboração e nos ambientes de relacionamento pessoal, de empreendimentos, de produção onde estão inseridos, nos quais trabalham colaborativamente, percebem problemas e oportunidades e tomam decisões?

São tratadas as dimensões tecnológicas, éticas, gerenciais, políticas e de aspectos de nossa mente nos valendo de conhecimentos atuais e milenares. Prosperam as pesquisas sobre cérebro e destacam-se as pesquisas sobre os poderes da mente. Conhecimentos antigos e práticas milenares são crescentemente valorizados, com destaque para a meditação. Tudo está junto quando o tema é ampliação da consciência.

Sabemos hoje coisas a respeito de tecnologias que frequentemente utilizamos e não sabemos onde, quando e como aprendemos; e vamos em frente. Nossa consciência vai se transformando junto com nossas percepções e com nossas emoções.

Um tempo fascinante de aprendizado, de novas práticas; a melhor forma, em alguns casos, a única forma de aprender é participar, praticar.

Profª. Marinilza Bruno de Carvalho

Sumário

Inovação Pessoal e Redes Sociais - A Emergência de uma Nova Pessoa

Prof. Antonio Carlos de Azevedo Ritto

Introdução

As Redes Sociais promovem mudanças de toda ordem, estão mudando a forma de nos relacionarmos, de aprendermos, de trabalharmos novas formas de viver.

São tempos intensos em mudanças, sobretudo mudanças no conhecimento e na percepção. As redes provocam mudanças em tudo.

Culturas diferentes se encontram em vários espaços de produção, de tomada de decisão e de realização de trocas de várias ordens, seja no campo politico, social, econômico com influência no cotidiano das pessoas através das inúmeras manifestações das redes sociais.

As redes cogitam e se sustentam em tecnologia, mas, estão voltadas para as pessoas, fonte geradora do conhecimento e base fundamental de suas melhores utilizações.

É preciso energia intelectual substancial e constante para tratar dos impactos decorrentes das transformações provocadas pela automação acentuada, pela inteligência artificial e para a incorporação dos poderes de tecnologias como Computação em Nuvem, Big Data, Robótica, Realidade Aumentada, Internet das Coisas, Impressão 3D, Redes Neurais, Inteligência Artificial, dentre outras. Que novas competências precisam ser desenvolvidas? Que novos conceitos de serviços terão que ser lançados? Que novos programas de desenvolvimento? Como conviver com a uberização - trabalho sob demanda? Que iniciativas de regulamentação em curto e longo prazos? Que novos comportamentos? Que novos Princípios Éticos? (Ritto 2018).

Em 2016 foi criado o Projeto Estudos da Consciência e realizada a 1ª Tertúlia para discutir este tema segundo várias dimensões filosóficas e espiritualistas, com destaque para a abordagem da neurociência, sobretudo suas conclusões a respeito da consciência.

Em 2017 foi realizada a 2ª Tertúlia para discutir Inovações Tecnológicas, suas Aplicações e Usos, com destaque para suas influências na expansão da consciência dos usuários em relação às possibilidades tecnológicas hoje à disposição e com utilização cada vez mais intensificada.

Em 2018 foi realizada a 3ª Tertúlia, desta vez para tratar, no contexto da sociedade e das organizações, de conformidades em várias dimensões da administração, suas aplicações e usos, com destaque para suas influências na expansão da consciência das pessoas em geral, mas dos gestores em particular, em relação às realidades que os cercam e nas quais estão imersos.

É nesta direção que se inauguram discussões a respeito de INOVAÇÃO PESSOAL E REDES SOCIAIS através de uma 4ª Tertúlia, desta vez para tratar, no contexto da sociedade e das organizações, das pessoas e suas transformações num contexto de intenso uso de Redes Sociais em várias dimensões da vida e do cotidiano envolvendo relações sociais, novas estratégias e novas formas de inserção no mundo do trabalho e da renda, considerando, inclusive, aspectos emocionais, com destaque para suas influências na expansão da consciência das pessoas em geral com relação às realidades que as cercam e nas quais estão imersas.

Estamos vivendo um tempo intenso em conhecimento como fonte de riqueza e um processo crescente de comunicação e intercomunicação individual, social, econômica e política.

A economia está intensamente baseada em conhecimento e inovação tecnológica determinando, entre muitas outras coisas, educação continuada, ou mais propriamente, aprendizado continuado, permanente. Há novas formas para as pessoas se manterem atualizadas, se inserirem no mercado de trabalho, de administrarem aspectos previdenciários, se relacionarem social e emocionalmente.

Intensificam-se as relações entre as pessoas e aumenta a necessidade de especificações cada vez mais detalhadas e formalmente aprovadas pelos agentes, para que seja viabilizado o trabalho através dos canais de suprimentos envolvendo múltiplas parcerias nos processos horizontais de produção fragmentada em redes com elevado grau de automação.

Uma Rede de Aprendizagem Robusta

Instituições antes definidas pela organização física dos seus recursos se transformam em flexíveis conexões cooperativas. Práticas novas emergem dos novos formatos de relacionamento no âmbito das organizações públicas e privadas num tempo de globalização agressiva, redes sociais de toda ordem, penetrantes na intimidade, ocasionando mudanças rápidas nos sistemas e nas relações.

A organização em redes tem o potencial de gerar isolamentos, mas também possibilita novas formas de organização, independente do espaço e do contato físico entre as pessoas no desenvolvimento de seus objetivos.

As redes simples de computadores evoluíram rapidamente para uma rede de redes. Agora a rede é de funções, uma rede que concerta atividades que, em conjunto, produzem um mundo novo num ambiente virtual eletrônico de produção.

Ambiente eletrônico de produção é a integração de uma rede de atores mediada pela tecnologia. A tecnologia é apenas um meio, um facilitador. O potencial está na sinergia que possa emergir da relação entre os atores da rede de valor.

Os alavancadores da auto-organização são comportamentais, habilidades sociais, tolerância ao erro, atitude crítica à experiência, valorização da investigação, delegação, autonomia pessoal, isso tudo em tempo real.

Tudo muito fragmentado dependente de competências integradoras.

As predisposições do ambiente tecnológico fortemente apoiado nas redes favorecem e aceleram transformações técnicas, econômicas e comportamentais que propiciam a emergência das Redes Sociais.

Os recursos computacionais têm extensa capilaridade alcançando, através das redes, todos os espaços; invade as organizações e as residências e habita corpos humanos em diversas modalidades de controle e superação de enfermidades.

Assiste-se a uma difusão em larga escala de dispositivos móveis atravessando, inovando e inaugurando novos processos e novas relações, sepultando antigas formas de registro e de comunicação. A conectividade é quase total e o mundo parece estar na palma da mão através de equipamentos cada vez mais poderosos.

Há uma acentuada redução dos custos de instrumentos de tecnologia da informação ao lado do crescimento de suas capacidades.

Essas novas capacidades sustentam uma globalização cada vez mais intensa proporcionando a cada caso e a cada momento identificação e contratação de serviços inteiramente pelas redes; desde a pesquisa por fornecedor, acerto de contratos, pagamentos, recebimento de produtos e serviços, até as avaliações de todos os atores interatuantes em tempo quase real de forma fácil, rápida e deixando acesso para todos os envolvidos de todos os dados de todos os processos.

Neste contexto assistimos a uma comoditização de bens materiais e uma importância crescente dos aspectos imateriais dos bens e do trabalho – conhecimento, percepção, relacionamento, sensação de pertinência.

Por outro lado, e com conotações negativas, constata-se a dissolução das formas estáveis de relacionamento entre organizações e entre pessoas; tudo se resolve caso a caso, com lógica de mercado e afastado das relações humanas, com todos buscando espaços de inserção. Percebe-se permanentemente um remix cultural – mistura constante – estruturação e reestruturação.

Algumas consequências podem ser observadas:

- Fragmentação da atenção
- Emergência das nano audiências – longtail
- Consumidores informados, opinativos e engajados
- Software como serviço em beta permanente – usuário colabora com elaboração do produto que nunca está completo, pronto.

Nas Redes Sociais percebe-se a fragmentação no Campo da Pessoa; a participação intensa, grande potencial de relacionamento, mas com tendência à superficialidade, fragmentação, má informação. As redes sociais possibilitam relacionamentos horizontais, não hierárquicos entre os participantes, mas a liberdade enseja coisa boa e coisa ruim.

As *fake news* se propagam com o perverso poder de enganar as pessoas, influenciar decisões e causar desinformação, podendo devastar reputações e, nestes casos, a massificação do acesso às redes ameaça tanto a melhoria do conhecimento quanto uma melhor formação humana.

Avançamos muito rapidamente do **e** (electronic) ao **m** (mobile)

A disponibilidade de dispositivos com funcionalidades avançadas tais como - computação quântica, computação em nuvem, redes de longo alcance e alta velocidade, biotecnologia e inteligência, realidade aumentada, realidade virtual, big data, inteligência artificial etc. proporcionam plataformas e sistemas operacionais sofisticados com permanente crescimento de velocidade e capacidade das comunicações sem fio, compondo um cenário explosivo do número de novas aplicações.

Todo este quadro tecnológico estabelece um ambiente de uso que constrói a inédita, confortável e crescente sensação do mundo na palma da mão:

- Acesso às pessoas
- Acesso a dados
- Redes Sociais
- Compras e Pagamentos
- Serviço de Localização
- Interações com o mundo real
- Ecossistema de Mídia
- Jogos
- Feedback Pessoal
- Usabilidade e Design

Um novo paradigma para aprender – fazer junto

O novo paradigma de sistemas complexos dá às relações humanas, sociais, organizadas, interativas um lugar epistêmico essencial - inclui contradições e determinação recíproca, interdefinição.

Nenhuma posição alternativa poderá escapar às contradições internas.

A inteligência não consiste apenas na capacidade de resolver problemas, mas também na capacidade de "inserir-se em um mundo compartilhado". O aprender a aprender sai da escola, em muitos casos perde sua referência escolar – como único ponto de apoio – e adquire um caráter de centro de trabalho e fabril, de cidade e foro, de comunidade e nação ou região com culturas e civilizações distintas e universais, em que as organizações e redes pensam e atuam e criam como "coletivos" com variados jogos, autonomias e disciplinas dos componentes que os integram. A organização do saber-fazer e das redes de coletivos está na base da criação de novas relações sociais na própria sociedade, na cultura, na economia e na política (Casanova, 2006).

Tradicionalmente, a Universidade é o lugar para criação, formalização e transmissão de conhecimento, através da pesquisa, ensino e extensão.

Produzir Conhecimento requer uma abordagem transdisciplinar na medida em que o conhecimento é produzido no contexto da aplicação. Transdisciplinaridade é demandada pela pretensão de distribuição social do conhecimento produzido de forma colaborativa sustentada por fontes que estão ligadas interativamente através de redes.

Como construir e manter uma Universidade participante de uma sociedade que aprende, de forma continuada, através da descoberta, aprendizado com a realidade e, sobretudo, uma universidade engajada nos ambientes políticos econômicos e sociais em que se insere?

"Ciência e tecnologia foram minuciosamente divididas em disciplinas" (Koizumi, 2000). Nicolescu (1999) informa que quando as disciplinas foram criadas, eram 7; no meio do século XX eram 50; no final do século XX, nos EUA, havia 8000 disciplinas acadêmicas registradas e a respeito das quais há especialistas e são publicados artigos científicos específicos.

Como decorrência dos muros intelectuais erguidos entre as disciplinas, é cada vez mais difícil para um especialista em uma delas entender os detalhes das outras. Acrescente-se a isso que da maturidade em ciência e tecnologia emergem dificuldades para novidades, para saltos no conhecimento de uma disciplina.

Saltos intelectuais são mais frequentemente observados quando são criadas pontes entre disciplinas diferentes (Koizumi, 2000). Koizumi cogita que avanços significativos advirão de pontes que estão sendo construídas entre ciências do cérebro, ciência do meio ambiente e ciência educacional.

René Descartes discutiu a igual importância da análise e da síntese no "Discurso do Método"; entretanto, foi assimétrica a importância dada à análise. Agora cresce a importância da síntese. Não somente uma síntese dialética que extrai resultado de extremos, mas dialógica que convive com incertezas, contradições e paradoxos.

A crescente verticalização na direção de níveis cada vez mais profundos do real e rumo ao detalhe, resultou na acumulação de uma massa gigantesca de conhecimentos, compartimentalizada em disciplinas e especialidades vizinhas, porém que se ignoram umas às outras e raramente se tocam.

A segmentação do conhecimento é um resultado perverso da modernidade. A separação do conhecimento em disciplinas e a profunda especialização são vantagens e são constrangimentos à compreensão da complexidade do mundo natural e do mundo social. O Sujeito não pode ser capturado por nenhuma disciplina.

É difícil integrar os conhecimentos acumulados no sentido do desenvolvimento social por conta do big-bang disciplinar que estrutura o processo de acumulação.

Esta babelização faz com que qualquer agente se torne cada vez mais desatualizado de conhecimentos que já estão disponíveis. Há necessidade de pontes entre as disciplinas – pluri/inter/transdisciplinaridade.

Mudanças associadas com a emergência de conhecimento

Há pelo menos três fatores a serem considerados nas novas emergências na criação de conhecimento: Fatores Culturais, Fatores Sociais e Fatores do Trabalho.

1. Fatores Culturais: complexidade; ciências novas; mudanças nos mitos de ficção científica sobre o potencial de humano (do físico para a mente); mídia transforma-se de fato em sistema de educação de massa; surgimento de escolhas a partir de computação ubíqua, onipresentes; gestão por entregas/resultados; gestão voltada para a atualização permanente e inovação contínua.

Todos nós lidamos com mais complexidade em praticamente todos os aspectos da vida. Muita novidade emerge simultaneamente e temos a impressão que a cada momento algo importante nos escapa. É frequente a sensação de insegurança e são frágeis os processos de tomada de decisão.

Há ciências novas tanto no campo da tecnologia como no campo social, estimuladas, sobretudo, pelas relações interdisciplinares, pelas novidades da física quântica e das revelações da neurociência e mesmo as formalizações de técnicas e de pesquisas em áreas como meditação (mindfulness) que passam a integrar o repertório das pesquisas (Cambridge University, 2019).

A mídia transforma-se de fato em fonte de conhecimento e de educação de massa com oportunidades de aprendizado disponíveis, de forma fragmentada, experimentadas diante de oportunidades e integradas por cada agente de acordo com suas buscas e entendimentos. Certamente são enfrentadas superficialidades, vantagens e desvantagens com problemas de entendimento e de mau uso.

Neste contexto surgem escolhas baseadas em informações agora ubíquas e usadas oportunisticamente por quem quer que as acesse. Tudo está onipresente, disponível para uso – informação na palma da mão – para todas as mentes preparadas ou não, para seus entendimentos e utilizações.

2. Fatores Sociais: teias que substituem pirâmides na organização do trabalho - das hierarquias para as redes; pessoas e grupos capazes de catalisar ou desestabilizar grandes entidades.

Nos contextos sociais as redes substituem as hierarquias nas relações de aprendizagem e na tomada de decisões. As pessoas, no desenvolvimento das atividades mais simples às mais complexas, convivem com novidades que obrigam a um aprendizado permanente e à inauguração de comportamentos e formas de perceber a realidade. Destaca-se, sobretudo, a necessidade de aprender com os aspectos emergentes da realidade e com as relações com os outros agentes, tantas vezes diferentes, mas agora feitos parceiros na percepção, na tomada de decisão, na intervenção da realidade e no compartilhamento de suas consequências – para o bem e para o mal. Caos e ordem convivem nos ambientes determinando a permanente necessidade de estruturantes que buscam suas possibilidades nos conhecimentos de cada um, mas que só prosperam na colaboração de todos.

A participação e organização dos agentes envolvidos é condição necessária, mas não suficiente para a sustentabilidade do desenvolvimento endógeno. É necessário também construir novas institucionalidades de gestão social compartilhada, tais como fóruns, conselhos etc. e para oferta de bens e de serviços inovadores, para apoio às atividades locais organizadas. É também necessário identificar sistemas exógenos relevantes para o local, assim como conseguir apoio governamental, que funciona melhor se é descentralizado e quando se baseia em parceria entre o setor público e privado.

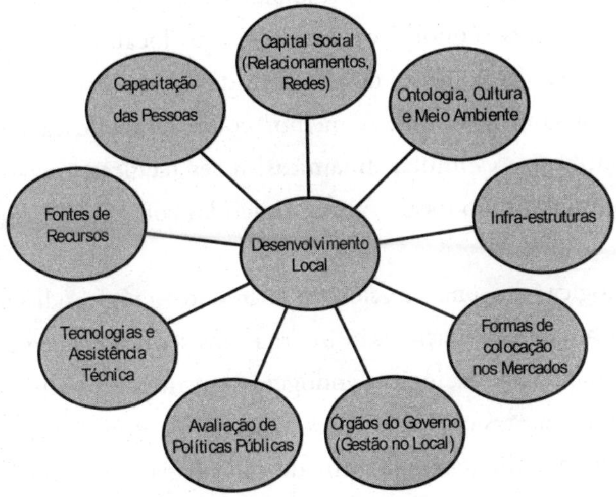

Figura 1 – Estrutura horizontal de atores locais

No contexto das redes e das possibilidades de produção que elas estabelecem, a complexidade representada pela quantidade de sujeitos passíveis de interação, pela autonomia de cada ator, pela diversidade de objetivos e de visões de mundo, pelas contradições metodológicas e culturais não representa uma dificuldade insuperável, mas na real possibilidade da construção de uma estrutura singular de produção apoiada nos atores necessários, adequadamente integrados. Assim, o empreendedor é um ator que reúne as condições preexistentes e autônomas para estruturar a iniciativa possível. É necessário identificar as sinergias locais e as complementaridades necessárias. A tomada de decisão prospera a partir de uma governança sustentada através de fóruns, grupos de percepção, grupos de discussão e de decisão que substitui o processo permanente de estruturação dos atores que se dá tradicionalmente pela via hierárquica.

Assim, a concertação para o desenvolvimento precisa estruturar horizontalmente os atores sociais, Figura 1, para percepção, decisão, desenvolvimento e implantação dos resultados dos projetos, identificar e mobilizar os interesses econômicos e vocações do local, eventualmente através de proposta de políticas descentralizadas considerando compartilhamento e protagonismo local. A melhor concertação busca, permanentemente, identificar e estimular dinâmicas, redes técnicas, sociais, institucionais e empresariais, no local, e comprometidas com o contexto.

As lógicas exógenas funcionam obedientes a lógicas distantes, externas em relação à área da ação; são internas aos setores e às empresas globais que as mobilizam. As lógicas endógenas em uma economia regional ou local incluem atores com diferentes perfis e interesses, cujo índice de satisfação também é diferente. Dentro de cada região, as alianças e acordos e os contratos sociais implícitos ou explícitos estão sempre se refazendo e a hegemonia sempre sendo revista.

É conveniente inverter o papel tradicional da sociedade de agente passivo das políticas públicas para ator central do processo de construção das condições para o desenvolvimento econômico e social.

3. Fatores do Trabalho: perda de autoridade institucional; ameaça de substituição por instrumentos eletrônicos, por software e por trabalho de custo mais baixo; falta de alternativas e disponibilidades de emprego para profissionais; dicotomia fundamental entre a ênfase em sistemas de entrega, foco no valor para o cliente e ainda, a exigência de habilidade para futuras competências.

É necessária a formulação de uma nova missão para a educação de terceiro grau que privilegie o apoio ao estudante nas estratégias de desenvolvimento do conhecimento para aplicação just-in-time e apoiar aprendizado continuado para melhoria das competências individuais – conhecimentos, habilidades, atitudes.

Para promover esta transformação, a educação de terceiro grau deve:

- Empregar instrumentos de TIC para apoiar inovação contínua e oportuna
- Entender e ensinar as diferenças entre conceitos relacionados com inovação, tais como, modificação, atualização, criatividade, invenção, imitação, substituição
- Ensinar e modelar as características de sistemas complexos adaptativos
- Ensinar e modelar formas de criar situações alternativas de decisão, cenários e cultura
- Criar currículos com flexibilidade adaptáveis a pessoas e organizações proativas
- Influenciar a diversidade em rede de estudantes e instrutores em todos os seminários
- Empregar seminários e laboratórios no lugar de salas de aula
- Criar sistemas de apoio em rede na Universidade, redes pessoais, redes sem fio etc.

A inserção das pessoas no mundo do trabalho

As distinções sociais e pessoais entre viver, aprender e trabalhar continuarão diminuindo. A diminuição do emprego sem diminuição do trabalho revela uma faceta perversa da atualidade onde relações de trabalho são transformadas em relações empresariais desiquilibradas. Nestas relações, empresas de grande porte, no lugar de admitir empregados, contratam pessoas como MEIs (Microempresários Individuais) ou Cooperativas para execução de tarefas cotidianas. Repositores de mercadorias nas prateleiras de supermercados, caminhões para socorro de acidentes por parte de seguradoras, pessoal de lojas no comércio numa uberização intensa das relações de trabalho.

O "local" emergente para a aprendizagem mais significativa será, crescentemente, o local de trabalho, de atuação e de interesse da cada pessoa. Com trabalho ocasional e a necessidade de exposição para convites e oportunidades, as pessoas precisam se encontrar em redes e se manter atentas tanto ao aprendizado das técnicas de trabalho como nos relacionamentos e processos que possam conduzir a inserções, ainda que temporárias, em atividades com remuneração. Muito aprendizado será específico de situações e visará a melhorar resultados práticos em cada aplicação de serviço de aprendizagem.

Os estudantes começarão a apresentar suas experiências para serviços de educação como parte de um processo de produtor-consumidor e, com isso, potencialmente, compensar parte das suas próprias despesas com aprendizagem. Mesmo o propósito da educação terá alterado de aprendizagem "baseada em conhecimento" para "baseada em inovação contínua", sustentada por software que substitui o trabalho humano repetitivo.

Como preparar pessoas para sociedades altamente intelectualizadas, dirigidas por conhecimento, com forte ênfase em inovação e crescentemente global?

Quais as implicações de alguns países alcançarem níveis de desempenhos pessoais e sociais importantes, mais elevados e mais rápidos que outros?

Quais as implicações quando alguns países perdem pessoas e negócios porque suas economias não estão preparadas para sistemas econômicos dirigidos por pessoas criativas, colaboradoras, educadas e inovadoras?

Quais serviços de educação da academia serão mais adequados para preparar os jovens para um contexto emergente de individualismo criativo?

Nunca estivemos tão conectados. A visão quântica nos ensina sobre a conexão e influência, sem ligação física, entre partículas que se encontram distantes no espaço físico. No entrelaçamento quântico dois ou mais objetos estão de alguma forma conectados, mesmo que estejam espacialmente separados. Isso ocorre em várias áreas, especialmente na economia, na política, nas questões geopolíticas.

A memória é quântica e cheia de entrelaçamentos e relações – os mercados também. No mundo das redes nos achamos e nos perdemos numa conectividade entre equipamentos e pessoas – tudo novo, multi-influenciado. As pessoas estão mais conectadas nas redes sociais do que no mundo físico. Estas ideias e práticas têm um poder modificador sobre as formas de fazer as coisas, as formas de nos relacionarmos. Vamos migrando para uma ótica intensamente econômica de um individualismo exacerbado – somos o centro da rede que operamos. Mas nem sempre temos ideia clara do que alcançamos e do que nos alcança.

Trabalho e Renda - Fragmentação na Prestação de Serviços

A reestruturação da produção decorre de dois aspectos da inovação. Por um lado inovação tecnológica - computador, máquinas de controle numérico, robôs, CAD-CAM, diversos instrumentos das TIC e, por outro lado, inovação na gestão - terceirização, just-in-time, kanban, ilhas de produção, trabalho em equipe, condomínio industrial, CCQ (círculo de controle de qualidade).

No campo dos serviços a fragmentação se dá através da "uberização"; tarefas sob demanda – Uberização do Trabalho.

A fragmentação da prestação de serviços é antiga e a ideia do trabalho sob demanda é muita mais antiga que o "Uber". Mas foi o "Uber" que deu nome ao processo - uberização.

Todavia, desde a segunda metade do século passado que os Planos de Saúde "uberizaram" os médicos e rapidamente todos os prestadores de serviços de saúde. O mesmo aconteceu, e desde a mesma época, com os serviços de transportes de carga, socorros de veículos em dificuldades e muitos outros.

Em grandes organizações a ideia de concentração nas atividades no chamado "core business" e a contratação de terceiros para execução das demais atividades, rapidamente mudaram as relações trabalhistas e abalaram os pressupostos da própria legislação trabalhista. Grandes organizações contratavam outras empresas para prestação de determinado serviço, que por sua vez contratavam pessoas para suas efetivas execuções num formato de contratação de autônomos; rapidamente relações de trabalho transformaram-se em relações empresariais – o trabalhador é pessoa jurídica.

O que aconteceu no chão de fábrica no século passado vai acontecer com a administração: os Robôs estão entrando no Escritório. Ganharão força as profissões que envolvam criatividade, capacidade de tomada de decisão, consideração de fatores imponderáveis;

Fragmentação por cima e por baixo - Mudanças Paradigmáticas

"Por cima" a globalização atende primordialmente a interesses corporativos e, na maioria das vezes, está submetida a Grupos Econômicos. Neste ambiente a organização social está ameaçada de cima pela globalização. Numa economia mundializada faltam autoridades para impor limites à atividade econômica. Capitalismos nacionais estão ligados à história de cada país; Instituições de nível mundial, Bancos, FMI e OMC impõem lógica econômica e não objetivos sociais.

Por cima das relações sociais, e mesmo de difícil alcance pelas políticas nacionais, encontram-se os elementos da Globalização da produção agora horizontalizada.

"Por baixo" está o indivíduo com sua subjetividade, isolamento, diferenciado em seus valores, interesses de cada um, direitos humanos. A organização social está ameaçada embaixo, num apelo cada vez mais radical e apaixonado ao indivíduo e não à sociedade; as redes sociais aceleram os processos de individualização.

Constatações cotidianas do inesperado desatualizam competências e instituições e expõem a fragilidade de métodos sofisticados de planejamento. Na verdade, planejamento se mantém necessário; quem fez um planejamento caprichado está mais bem preparado para a improvisação. Como manter o mundo institucional em meio à vitalidade das mudanças na conjuntura, no conhecimento, nas demandas, nos ambientes políticos, econômicos e sociais? Como acomodar gestão racional (lógica determinista) com a natureza política da cúpula das organizações e com a mudança permanente, emergente, global-local? Que modelo teórico de vida social pode orientar uma reorganização social em meio a tanta diversidade? As relações sociais não são mecânicas, são caóticas. Como equalizar potenciais num trabalho em rede, fragmentado no tempo e no espaço?

Por baixo, nas relações sociais cotidianas encontram-se as redes sociais que se manifestam de formas inéditas também criando problemas de difícil tratamento pelo aparato legal vigente; Fake news são apenas o exemplo mais exuberante.

A necessidade de mecanismos de medição, de análise, de disciplinamento de limites é imperativa. Mas modelos e padrões antigos nem sempre servem.

No meio do caminho está a Sociedade tentando cuidar do interesse de todos, dos Direitos Sociais, dos Direitos do Cidadão, das Leis e da Racionalidade. Sociedade é a interdependência, na mesma unidade territorial, dos diversos setores da atividade coletiva.

Inovação - necessidades e riscos

Aprendemos que uma coletividade que não sabe o que a ameaça não tem nenhuma chance de sobreviver.

A economia desmaterializa-se e cada vez mais são frequentes as referências às empresas virtuais, ativos intangíveis, capital intelectual, produtos mais complexos, com mais conhecimento multidisciplinar agregado.

A capacidade de aprender é o diferencial estratégico da produção e é preciso tratá-la com metodologias e ferramentas apropriadas, processar adequadamente os dados, aplicar corretamente as informações e gerenciar conhecimentos (Ritto, 2004).

Inovar parece não ser mais uma opção ou uma vocação e sim um imperativo. As organizações compartilham um ambiente complexo com um conjunto grande e incontrolável de atores de toda ordem.

Neste ambiente é necessário manter vigilância tecnológica e vigilância regulatória permanente. É mandatório entender movimentos dos diversos agentes direta ou indiretamente envolvidos no ambiente de negócios da organização. É relevante estar atento aos protótipos e produtos em desenvolvimento nos institutos de pesquisa.

É importante estar atento aos movimentos dos clientes, fornecedores, parceiros e terceiros de toda ordem que podem fazer movimentos que venham a influenciar decisões passadas, presentes ou futuras.

A figura 2 revela sinteticamente este ambiente caótico, com todos os agentes em movimento permanente, do qual a organização precisa tirar a ordem possível, sempre ameaçada por maus entendimentos ou de movimentos não percebidos.

Quase sempre é difícil perceber todos os movimentos, suas consequências nos processos e produtos da organização, as tecnologias emergentes e suas adoções na organização.

É necessário muito esforço para a transformação das ideias nascidas em qualquer dimensão ou local, mas decididas na dimensão estratégica; estas ideias e propostas precisam ser trabalhadas até que sejam transformadas em processos formais para então serem adotados como métodos de trabalho da organização. Uma dimensão estratégica terá que colocar suas reflexões no futuro e, consultando sua história e ousando criar, estabelecerá os caminhos para a organização.

Do caos inicial das ideias até a ordem inerente às normas e sistemas que configuram os processos de produção, muito esforço será despendido.

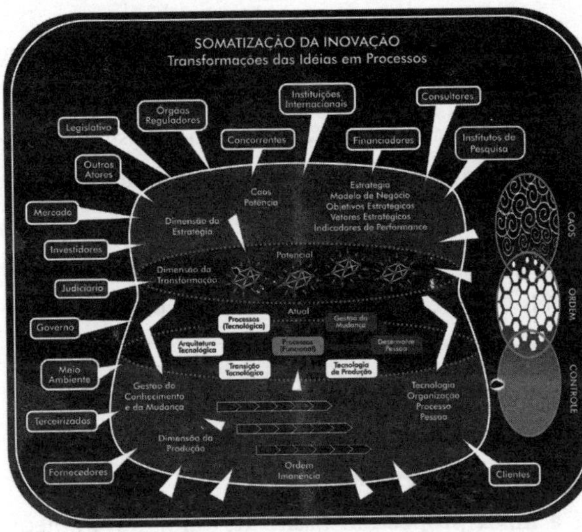

Figura 2 – Caos e Ordem (Ritto, 2004)

A **Dimensão Estratégia** é um processo de digestão da percepção e do processamento das diversas forças do ambiente político, econômico e social, aprendidas no passado, observadas no presente e projetadas no futuro, externas e internas. Este processo tem características não lineares, caóticas, com escolhas arbitrárias e seu produto são os caminhos e formas de atuação que incluem direções, modelo de negócios, relações com os diversos agentes, conduta das pessoas, dentre outras. Finalmente, estabelece os objetivos para a organização e seleciona os indicadores da performance para medida das consequências das ações estratégicas. A Dimensão Estratégica é excitada pelo conjunto de forças do ambiente e elabora cenários prospectivos para aprender a respeito das possibilidades do futuro, tanto a partir de atores externos, quanto dos atores internos, já que a endogenia joga papel importante na inserção da organização em futuros ambientes políticos, econômicos e sociais. Não se trata de 'adivinhar' ou de prever o futuro, mas de criá-lo - mais propriamente participar ativamente de sua criação. Aprender e construir uma boa percepção das possibilidades futuras proporcionará à organização um papel protagonista nesta criação e, por consequência, um destacado lugar no futuro.

A Dimensão Estratégica, por lidar com dinâmica não linear e ser arbitrária nas suas escolhas, produz direções e objetivos que carecem de adequada transformação em normas e sistemas que indiquem em ações e formalizem os processos para a organização visando a suas consecuções. Trabalha com questões tais como:

- Quais são os Atores do ambiente em que a organização atua?
- Que papéis (valor que agrega) desempenham no Ambiente?
- Quais as relações entre os Atores?
- Qual o fluxo da relação entre os Atores?
- Quais as informações e quais seus fluxos no ambiente?
- Sob que ótica agregar dados?
- Qual é a nossa proposição básica de valor no ambiente de inserção da organização?
- Como segmentamos o ambiente em que atuamos?
- Que tipo de clientes atendemos?
- Onde estão nossos clientes?
- Onde estarão nossos clientes no futuro?
- Em que ponto no sistema de negócio obtemos bons resultados?
- De onde vem nossos recursos? De onde virão?
- Qual é o fator determinante do volume de nosso sucesso?
- Quais são as principais determinantes dos custos? Como podem ser no futuro?

- O que achamos que sabemos fazer bem?
- Como estão as práticas de endogenia tecnológica?
- Que infraestrutura física sustenta a nossa atuação?
- Quais são as habilidades predominantes? Quais deverão ser?
- Qual a trajetória de nossos gastos em desenvolvimento? Em que direção apontam?
- Estamos alerta aos novos modelos de fornecimento de valor? Como fazemos isso? Como podemos evoluir?
- Quais as tendências tecnológicas que devemos considerar?
- Que novos produtos e serviços podem mudar as relações entre os atores no nosso ambiente de negócio?
- Que medidas regulatórias podem alterar as relações entre os atores, atuais e futuros no nosso ambiente de negócios?
- Que dificuldade haveria para reorientar os programas de investimento?
- Que dificuldade haveria para reconfigurar a infraestrutura?

A **Dimensão da Transformação** é um processo de promoção de mudança organizacional que a partir, tanto dos objetivos decorrentes das diretrizes estratégicas e das diversas orientações contidas nos indicadores de performance, quanto das possibilidades e da prontidão para a evolução do grupo de pessoas da organização, desenhará e promoverá as mudanças adequadas nos processos de produção tratando as dimensões das arquiteturas tecnológicas, da informação e da produção, da estrutura organizacional, das normas e procedimentos e de desenvolvimento da pessoa, traduzindo os objetivos e indicadores estratégicos nos sistemas de gestão e aquisição da informação para as unidades de negócio de forma concreta. Esta dimensão traduz as direções estratégicas nos processos efetivos a serem adotados na organização; transformação de direções e desejos em processos ordenados. Enquanto a dimensão estratégica faz escolhas no caos, a dimensão da transformação constrói a ordem que a dimensão da produção executará. Esta dimensão também tem forte conotação arbitrária nas suas escolhas e trabalha com estruturação de projeto já que seus desenvolvimentos são de caráter temporário, obedecendo a conjuntos alternativos de atividades, instanciados para cada tema ou assunto, cuidando, ao mesmo tempo, tanto das necessidades de integração organizacional, como das particularidades de cada unidade. É responsável pela gestão da mudança e pela gestão do conhecimento e suas permanentes evoluções na organização. Preocupa-se com questões tais como:

- O que é conhecimento na nossa organização? Como está evoluindo?
- Como nossa organização aprende?
- Que competências essenciais estão presentes? Quais precisam ser desenvolvidas?
- Como está sendo usado BI? (uso da tecnologia para aumentar a percepção da realidade a apoiar a tomada de decisão – utilização do computador como um microscópio)
- Que clientes seriam mais resistentes à mudança?
- Que sensitividades estão latentes? (nos usuários atuais e potenciais, nos fornecedores atuais e potenciais, no corpo da organização)
- Que novas competências terão que ser adotadas?
- Que novos conceitos de produtos / serviços deverão ser criados e que novos processos de produção terão que ser formalizados?
- Que novos programas de desenvolvimento terão que ser implantados?
- Que iniciativas de regulamentação devemos incentivar? Contra quais devemos lutar?
- As necessidades do ambiente poderiam ser mais bem servidas por uma configuração alternativa de habilidades e de ativos?
- Qual é a vulnerabilidade da organização às "novas regras do jogo"?
- Que novos tipos de benefícios devem ser procurados e oferecidos a curto e médio prazos?
- Que novas competências precisam ser desenvolvidas ou adquiridas para oferecer estes benefícios?
- Como reconfigurar a interface com o ambiente durante os próximos anos?
- Como pode influir um Projeto de P&D na estratégia e nas práticas da

organização para promover aumento da estatura intelectual das pessoas e gerar inovação na organização?
- Que metodologia pode ser aplicada num Projeto de P&D na organização da criação de novos valores a agregar?
- Como pode ser criado novo conhecimento e como pode ser gerido na organização?

A **Dimensão da Produção** executa processos ordenados, controlados e aprende com eles. Cada atividade precisa estar configurada com os aspectos de sinergia e complementaridade que só prosperam, na dimensão concreta da produção, quando estão apoiados por linguagem comum entre os atores intervenientes, dentro e fora da organização, em toda a cadeia de agregação de valor, dos insumos ao consumo. Certamente há aprendizado e evolução nos processos e tudo recomenda que as inovações percebidas nesta dimensão sejam adotadas sob orientação da dimensão de transformação. Vale ressaltar que a estrutura de trabalho da dimensão de transformação é em rede e as pessoas da produção, que tenham seu conhecimento e sua sensibilidade desenvolvidos pela experiência adquirida no cotidiano dos processos, devem ser chamadas para compor estas redes. Porém, é na dimensão da transformação que serão tratadas as conexões adequadas para a somatização das novidades, de forma integrada, sinérgica e complementar com relação a todos os atores envolvidos.

Vale ressaltar que os Processos, nesta dimensão, são desenvolvidos em caráter permanente, obedecendo a um conjunto definido de atividades. Portanto, a preocupação central aqui é como fazer mais, melhor e a um custo menor. Esta dimensão preocupa-se com questões tais como:

- Como fazer permanente avaliação dos processos visando à eficiência e à eficácia?
- É conhecida a anatomia de cada resultado, de cada etapa do processo de Produção?

- São conhecidos e acompanhados os custos incorridos no desenvolvimento de cada atividade do Processo? São cotejados com os resultados obtidos e com o valor que a atividade agrega? São realizados benchmarks com outros agentes e com outras formas de produzir?
- Cada gerente conhece a consequência econômica dos seus atos nos processos de produção?
- Há mecanismos de vigilância quanto às tecnologias emergentes e seus efeitos nas diversas atividades de produção?
- Há conhecimento, acompanhamento e controle da cadeia de agentes que fornecem produtos e serviços para alimentar os diversos processos de produção? Há vigilância tecnológica visando permanentemente baixar custos e aumentar a qualidade?
- Há conhecimento, acompanhamento e controle a respeito da logística dos produtos e serviços até a entrega a seus usuários finais?
- Há conhecimento, acompanhamento e controle na fase pós-venda durante a vida útil dos produtos e serviços?
- Há vigilância a respeito da percepção dos clientes, consumidores e usuários finais quanto aos produtos e serviços oferecidos?
- Há vigilância a respeito da percepção dos distribuidores, clientes, consumidores e usuários finais quanto à organização, sua forma de atuar e da marca?
- Há programas de atualização permanente das pessoas, tanto no treinamento nos instrumentos em uso na organização, como na educação nos conceitos, atuais e emergentes?
- Há atratores cognitivos, ouvidorias da realidade, em todos os agentes da rede de agregação de valor na qual se insere a organização e em todas as suas manifestações?

Na Dimensão de Produção há que se ter cuidado para que o cotidiano não esgote a capacidade de questionamento e iniba a busca de melhoria. A velocidade e intensidade das mudanças condenam as organizações que se permitem à rotina. O dia a dia pode impedir a reflexão sobre o futuro; no dia a dia o urgente sobrepõe-se ao importante.

Inovação para Inovar

A inovação é o desafio do mundo contemporâneo e é também o instrumento que as pessoas e as organizações precisam utilizar para cogitar suas inserções no futuro.

O mundo prossegue mudando com base nas inovações tecnológicas e as novas plataformas que oferecem para processamento. As pessoas acessam seus documentos e funcionalidades, suas atividades de processamento e comunicação a partir de qualquer dispositivo, a qualquer hora em qualquer lugar. As organizações já alteram suas estruturas internas, minimizando também suas plataformas tecnológicas centrais e suas estruturas descentralizadas internas de tecnologia e intensificam a gestão, seus desenvolvimentos, seus serviços, a partir das facilidades oferecidas pelas plataformas na nuvem.

A computação em nuvem é mudança de paradigma no setor de tecnologia da informação diminuindo o custo de TI e provocando mudanças significativas de comportamento no uso da rede e acesso a dados. As plataformas de computação pessoal que alteraram a estrutura tecnológica, até então pensada de forma centralizada e no desempenho das diversas funcionalidades, cede lugar à computação móvel baseada em plataformas pessoais cada vez de menor custo e com sofisticadas capacidades de interatividade a partir das nuvens.

As mudanças decorrentes destas novas facilidades já estão transformando as relações entre as pessoas, através do fenômeno das redes sociais, e terão impacto de grande transformação nas estruturas dos negócios, nos serviços públicos, nas relações de trabalho, nas relações entre os atores dos sistemas de saúde, profissionais diversos e pacientes, nos processos judiciais, nos processos de produção, tudo caminhando para um patamar de transparência e de obscuridade inéditos para todos. Tudo está em mutação e todos serão afetados pelas mudanças.

Algumas mudanças já estão insinuadas como a capilaridade dos recursos computacionais, a difusão em larga escala de dispositivos móveis, a conectividade – o mundo na palma da mão - redução acentuada dos custos de produção, competição globalizada –, identificação e contratação de serviços -, comoditização de bens materiais, crescente importância dos aspectos imateriais dos bens e do trabalho – conhecimento, percepção, relacionamento, sensação de pertinência -, dissolução das formas estáveis de relacionamento com busca de espaços de inserção, tribalização dos hábitos e da cultura, mistura constante, estruturação e reestruturação - confesso, logo existo – posso, tenho, que falar de mim para quem quiser ouvir – intensificação do uso das redes sociais. As mudanças estão aí!

Que mudanças afetarão nossas vidas nos campos emocional, profissional, de entretenimento, da saúde, do comportamento, da legislação, do convívio? Como nos preparar para as mudanças? O que precisamos aprender, o que teremos que esquecer, o que teremos que transformar? Como será nossa vida, nas suas diversas dimensões no futuro próximo?

Certamente, inovação é palavra de ordem e em várias dimensões. Temos que aprender a lidar com inovações que praticamente nos são impostas, mas teremos também que aprender a inovar.

Inovação - a única saída para o futuro é inovar

A velocidade com que as mudanças ocorrem cria dificuldades para o modelo de aquisição de tecnologia, que pensa a tecnologia como um processo exógeno dos ambientes de produção. Há dificuldades para assimilação de novas tecnologias por parte de atores que não estão engajados no processo de criação. Atualmente é o aprendizado permanente que habilita a inovação.

Para as atividades produtivas é cada vez mais difícil comprar tecnologia pronta; como usar a nova tecnologia? As novas tecnologias estão, muitas das vezes, imbricadas com várias outras tecnologias e, sobretudo, com conhecimentos que evoluem permanentemente. Não é mais comprar e usar, o processo não é discreto, é contínuo. A forma mais eficiente, em muitos casos, talvez a única, é participar do processo de construção, absorver conhecimento novo e se preparar para inovar, para criar o novo e se habilitar ao uso, à aplicação, acompanhando as mudanças contextuais nas quais a novidade está imersa. Os agentes de produção de todo porte precisam participar de processos de pesquisa e desenvolvimento para poderem inovar constantemente – principalmente os pequenos e médios. As tecnologias da informação e da comunicação são impulsionadoras desta participação e aceleradoras do processo de criação de conhecimento que vai desaguar no processo de inovação. É fundamental que os agentes da produção estejam ligados a centros de pesquisa para participar do processo de assimilação do conhecimento, e se habilitar à transferência de tecnologia e à inovação.

Inovações tecnológicas impactam os diferentes setores do complexo sistema social, econômico e político das sociedades contemporâneas. A utilização de um instrumento tecnológico implica a cocriação de conhecimento; são complexos os instrumentos, normalmente são complexas suas utilizações em processos de produção compartilhada.

Mas é relevante perceber que a introdução de uma inovação confere poder sobre os processos de produção onde ela será aplicada. A repetição da aplicação de inovações técnicas "dá poder" aos grupos inovadores, já que lhes concede iniciativa e capacidade de prosseguir inovando, preservando e ampliando a autonomia técnica. Esta "acumulação de autonomia e de confiança" pode ter mais valor que possível acumulação de capital e mais poder de redundar em uma inovação.

É também relevante perceber que a inovação pela via tecnológica altera a relação entre emprego e trabalho, salário e renda. A reestruturação da produção decorre de dois aspectos da inovação:

- Inovação tecnológica - diversos instrumentos das TICs, sobretudo redes.
- Inovação na gestão – gerência de cadeias globais de fornecimento, terceirização, ilhas de produção, trabalho em equipe, condomínio industrial, Uberização etc.

O processo de Inovação, desde as observações dos ambientes envolvidos até a entrega de um novo ou modificado processo ou produto, passa por complexidades que exigem gestão especializada e atenta envolvendo várias competências.

A Figura 3 esquematiza algumas destas funcionalidades que articulam a gestão da inovação.

As organizações precisam estar vigilantes a respeito de várias dimensões envolvendo agentes diversos, conhecimento, cultura, novas necessidades, criadas ou a serem criadas.

Precisam manter atenta vigilância ao estado da arte da tecnologia. A velocidade das transformações tecnológicas, junto ao processo de globalização, afeta hoje qualquer organização. Apenas mediante um processo sistemático que administre a informação pertinente no momento oportuno, isto é, na tomada de decisões, é possível antecipar, tanto as ameaças, como as oportunidades derivadas das mudanças produzidas.

As funções básicas de um sistema de vigilância implicam em analisar e observar o que se passa no mercado. Seu foco é detectar as informações a tempo de participar do atendimento às novas e emergentes demandas com os processos e as tecnologias adequadas. Isto implica estudo permanente e acompanhamento atento aos movimentos dos ambientes de produção e de consumo. Mas, também implica atenção com processos legislativos em andamento, acordos internacionais em negociação etc. Muitos aspectos e dimensões podem afetar a organização e suas relações com o mercado, com o fracasso e com o sucesso.

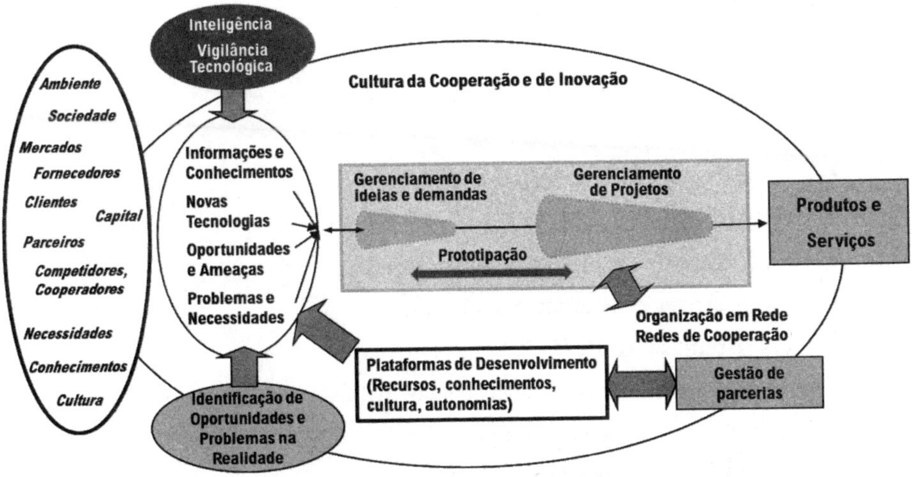

Figura 3 – Gestão da Inovação

- Antecipar Mudanças, estar atento a que novas tecnologias estão surgindo no mercado, mesmo que não seja de indústrias de mesmo tipo
- Reduzir riscos, detectar ameaças. Atenção a barreiras alfandegárias quando interagindo nos mercados exteriores
- Detectar ideias novas e novas soluções
- Desenvolver produtos já existentes, mas com tecnologia mais simples com menores preços
- Redirecionar investimentos quando perceber que um concorrente está num nível mais avançado
- Cooperar, cogitar novos sócios identificando os mais adequados em projetos conjuntos de pesquisa e desenvolvimento.

À Guisa de Conclusão

Toda possibilidade de evolução está centrada na pessoa, na sua iniciativa, na sua capacidade de aprender e de se engajar em inovação, em projetos de profundas mudanças que caracterizam este momento.

Tudo está em evolução concomitante

- A visão de futuro
- As estratégias
- As formas de organização empresarial
- As diretrizes e sistemáticas adotadas
- Os sistemas em uso
- As plataformas tecnológicas e suas utilizações
- As normas e procedimentos
- As práticas e os aspectos culturais

As organizações e a sociedade evoluem com a transformação provocada pelas pessoas; não há outro caminho.

A pessoa não é um recurso subordinado, é uma função de agregação. No processo de inovação é menos comandada e mais sustentada no seu desejo e esforço no seu sentido do desenvolvimento.

Uma empresa é uma articulação entre inovação colaborativa, tecnologia enredada e modelos emergentes de negócio, com processos terceirizados, dirigida a clientes (serviços) e com produção entre pares, horizontal, cooperativa.

Tudo precisa ser reexaminado e atualizado à luz das emergências e na busca das melhores inserções nos ambientes políticos, econômicos e sociais.

As pessoas precisam ser incentivadas no sentido da iniciativa, engajamento, atitude sinérgica, ousadia, visualização do sucesso.

Inovação não é processo à parte, é parte do processo – incremental. É global comprometida com padrões abertos num esforço para diminuir barreiras geográficas para acesso à tecnologia

Inovação é multidisciplinar, envolve complexidades porque exige mix de talentos.

As organizações e a sociedade precisam estimular o desenvolvimento de Líderes do Futuro possuidores de qualidades complexas: (Amana key)

- Estadista - Gestão do Poder
- Educador - Gestão de Contextos de Aprendizagem
- Integrador - Gestão de Atitudes e da Flexibilidade das Conexões
- Catalisador de Resultados - Gestão do Fazer Acontecer
- Técnico-Cientista - Gestão do Conhecimento
- Cultivador de Valores - Gestão do Servir
- Agente de Transformação - Gestão da Excelência do Todo
- Líder de Líderes - Gestão da Clareza e Transparência
- Diplomata-Negociador - Gestão da Harmonia Interna/Externa
- Pacificador - Gestão da Prosperidade do Todo
- Energizador - Gestão do Propósito e de Significado
- Estrategista-Futurista - Gestão de Ciclos de Evolução

Resgatando o que foi enfatizado na abertura deste Projeto de Estudos da Consciência, o espaço do significado não é pacífico, vive imerso em discórdias, contradições, antagonismos. Podemos mesmo cogitar que o que nos faz progredir não são nossas certezas e tudo que afirmamos, mas sim, na abertura da visão, na tolerância e na reflexão, no cultivo permanente da dúvida e na busca de seu esclarecimento, no permanente questionamento. Entre a certeza e a dúvida reside um universo insondável, mas é aí que as perguntas e as respostas convivem no mesmo espaço, tempo, consciência. Com o surgimento da modernidade e sua avassaladora capacidade científica, a humanidade começou a produzir uma tecnologia de nível elevado, quando a maior parte da humanidade estava ainda nos níveis muito baixos de consciência moral.

Hoje, com a ascensão de poderosas tecnologias de segunda ordem – a produção de energia no nível quântico, a inteligência artificial (robótica), a engenharia genética sistemática, a nanotecnologia em escala mundial -, a humanidade enfrenta mais uma vez maior pesadelo: o crescimento galopante das tecnologias, sem que haja um crescimento equivalente na consciência interior e na sabedoria das pessoas para suas mais adequadas utilizações.

No século XX a consciência da relatividade de Einstein, da quântica de Plank, da complementaridade de Bohr, da incerteza e indeterminação de Heisenberg, a incompletude de Gödel, da neurociência, da tecnologia da informação etc. alteraram profundamente o curso separatista entre espiritualidade e ciência.

Há um novo mundo que pede uma nova pessoa que discuta a utopia da fraternidade. A pessoa moderna é um sujeito autônomo, emancipado pela ciência com a razão exercendo autoridade sobre mitos e valores tradicionais. É individualista, materialista, cartesiano e também fragmentado, egoísta e narcisista. Os pontos fortes deste sujeito são a vitalidade, a criatividade que, somados à vontade de experimentar novas ideias, transcendem os valores tradicionais.

O ser humano só é revelado em sua complexidade; é ao mesmo tempo, biológico e cultural. É impossível isolar o ser vivo de seu ecossistema, o indivíduo de sua sociedade, o sujeito do objeto. O objetivo do conhecimento não é descobrir o segredo do mundo, é dialogar com o mistério. O sujeito moderno é individualista, mas não sabe lidar com a solidão.

Numa visão espiritualista cada pessoa tem responsabilidade pelo seu próprio destino e pelo destino dos coletivos dos quais participa, no sentido, sobretudo, das escolhas pessoais. O Espiritualismo enfatiza a responsabilidade humana sobre o curso da história e sobre a vida e, neste Projeto são privilegiadas as iniciativas que conspirem para a libertação da pessoa, no sentido de que cada uma seja protagonista de sua existência.

Tudo isso reclama uma Nova Pessoa que conviva em rede, relacione-se com fraternidade, menos privado, menos competitivo e mais cooperativo, inclusivo, convivendo num hiperespaço onde entrega e recebe numa auto-organização permanente de suas estruturas e de seus processos, capaz de mapear sua posição neste espaço mutante e continuar atuando em cooperação com ele e que saiba conviver com a permanente explosão de heterogeneidades semânticas e dissonâncias cognitivas entre os vários atores, construtores e participantes do hiperespaço compartilhado por todos.

É a esta Nova Pessoa que queremos dirigir nossos Estudos da Consciência e discutir as formas de seu desenvolvimento e da construção do caminho para que cada pessoa seja protagonista de sua existência.

Referências

AMANA-KEY, Programa de Gestão Avançada, https://amana-key.com.br/apg/, visitado em Novembro de 2019.

BEAUREGARD, Mario; O'LEARY, Denyse; O cérebro espiritual - uma explicação neurocientífica para a existência da alma; Editora BestSeller, Rio de Janeiro, 2010.

CAPRA, Fritjof; O Ponto de Mutação Cultrix, Rio de Janeiro, 2004.

CAPRA, Fritjof; O tao da física, Editora Cultrix, Rio de Janeiro, 1975.

CASANOVA, Pablo González; As novas ciências e as humanidades da academia à política, Editora BomTempo, São Paulo, 2006.

CASTEL, Robert; As metamorfoses da questão social, 5ª Edição, Editora Vozes, Petrópolis, 2005.

CHOPRA, Deepak; MLODINOW Leonard; Ciência x Espiritualidade, Dois pensadores, duas visões de mundo, Tradução: Claudio Carina, Editora Zahar, Rio de Janeiro, 2011.

COMTE-SPONVILLE, André; O espírito do ateísmo: introdução a uma espiritualidade sem Deus. Editora Martins Fontes, São Paulo, 2007.

DAMÁSIO, António R. E o Cérebro criou o Homem; Tradução: Laura Teixeira Motta; Editora Companhia das Letras; São Paulo, 2011.

DAMÁSIO, António R., O Erro de Descartes. Emoção, Razão e Cérebro Humano, 12ª edição, Lisboa, Publicações Europa-América, 1995.

DIVERSOS AUTORES, Tecnologia Social - uma estratégia para o desenvolvimento, Antonio E. Lassance Jr, Claiton José Mello, Eduardo José Siqueira Barbosa, Fabiana Alves Jardim, Flávio Cruvinel Brandão, Henrique Tahan Novaes, Jacqueline Rutkowski, Jacques de Oliveira Pena, Juçara Santiago Pedreira, Ladislau Dowbor, Martina Rillo Otero, Paul Singer, Renato Dagnino, Sidney Lianza, Silvio Caccio Bava, Sonia Maria Portella Kruppa, Editora Fundação Banco do Brasil, Rio de Janeiro, 2004.

GOSWAMI, Amit; REED Richard E.; GOSWAMI, Maggie. O Universo Autoconsciente - Como a consciência cria o mundo material. Editora Rosa dos Tempos, Rio de Janeiro, 2002.

KUHN, Thomas Samuel; A Estrutura das Revoluções Científicas. Perspectiva, São Paulo, 1975.

LASTRES, Helena M. M.; CASSIOLATO, José E.; ARROIO, Ana. (Organização), Conhecimento, Sistemas de Inovação e Desenvolvimento, Tradução de Ana Arroio, Editora Contraponto, UFRJ, Rio de Janeiro, 2005.

MANOVICH, Lev. Software takes control. Disponível na Internet em http://softwarestudies.com/ softbook/ manovich_softbook_11_20_2008.pdf, acesso realizado em 30/11/2009.

MLODINOW, Leonard; CHOPRA, Deepak; Ciência x Espiritualidade Dois pensadores, duas visões do mundo. Sextante, Rio de Janeiro, 2011.

MLODINOW, Leonard; Subliminar Como o inconsciente influencia nossas vidas. Editora Zahar, Rio de Janeiro, 2012.

MURPHY, Stephen. Media Technologies, Cognition And Consciousness-Expansion. 2012. Extraído de http://assembleit.net/wp-content/uploads/2016/09/

Media-Technologies-Cognition-and-Consciousness-Expansion.pdf, em Abril de 2017.

NICOLELIS, Miguel; Muito além do nosso eu, Editora Companhia das Letras, São Paulo, 2011.

NICOLESCU, Basarab, O manifesto da transdisciplinaridade, TRIOM, São Paulo, 1999.

NICOLESCU, Basarab. Conferência no Congresso International "A Responsabilidade da Universidade para com a Sociedade", International Association of Universities, Chulalongkorn University, Bangkok, Thailand, de 12 a 14 de novembro de 1997.

NONAKA, Ikujiro, TAKEUCHI, Hirotaka, The knowledge-creating company: how japanese companies create the dynamics of innovation, Oxford University Press, New York, 1995.

RANDOM, Michel, O Pensamento Transdisciplinar e o Real, entrevistas com: Michel Camus, Olivier Costa de Beauregard, Nicola Dallaporta, Jaqueline Kelen, Gilbert Durand, Roberto Juarroz, Lima de Freitas, Edgar Morin, Basarab Nicolescu, Philippe Quéau, Editora Trion, São Paulo, 2000.

RITTO, Antonio Carlos de Azevedo. Avaliação Transdisciplinar – Gestão e acompanhamento de intervenções, no Livro Governança: Estratégias de inovação na gestão, organização de RITTO, Antonio Carlos de Azevedo e CARVALHO, Marinilza Bruno. Editora Ciência Moderna, Rio de Janeiro, 2018

RITTO, Antonio Carlos de Azevedo, Organizações em Rede - ordem e caos na estruturação do trabalho. Monografia apresentada como exigência curricular para obtenção do Diploma do Curso de Altos Estudos de Política e Estratégia, Edição ESG, Rio de Janeiro, 2004a.

RITTO, Antonio Carlos de Azevedo. CARVALHO, Marinilza Bruno. Empreendedorismo e tecnologias inovadoras, Editora Ciência Moderna, Rio de Janeiro, 2018.

RITTO, Antonio Carlos de Azevedo. Consciência, Ciência e Espiritualidade, Capítulo do Livro Estudos da Consciência – A Consciência segundo diferentes linhas de pensamento, Editora Ciência Moderna, Rio de Janeiro, 2017.

RITTO, Antonio Carlos de Azevedo. Consciência, Ciência e Espiritualidade, Capítulo do Livro Estudos da Consciência – Compliance e Ética – Uma nova consciência em tempos de trabalhos em rede, Editora Ciência Moderna, Rio de Janeiro, 2019

RITTO, Antonio Carlos de Azevedo. Inovações Tecnológicas e Expansão da Consciência, no Livro Tecnologias Inovadoras e Expansão da Consciência, Editora Ciência Moderna, Rio de Janeiro, 2018.

RITTO, Antonio Carlos de Azevedo. Metodologia para produção de conhecimento socialmente robusto, Editora Ciência Moderna, Rio de Janeiro, 2010.

RITTO, Antonio Carlos de Azevedo. Organizações caórdicas – modelagem de organizações inovadoras. Editora Ciência Moderna, Rio de Janeiro, 2004.

TOURAINE, Alan; Um Novo Paradigma – para compreender o mundo de hoje, Tradução de Gentil Avelino Titton, Editora Vozes, Petrópolis, 2006.

A Uberização da Moeda - A Nova Proposta dos Bancos Centrais

Profº. Alexandre Rojas[59]

Resumo. A criação de criptomoedas sem a participação de uma autoridade monetária tal como o *Bitcoin* - que aqui chamamos de uberização da moeda - vem se popularizando há alguns anose, alguns bancos centrais começaram a considerar se poderiam, em algum momento no futuro, emitir suas próprias moedas digitais. Embora o uso de moedas digitais pelos bancos centrais não seja uma ideia totalmente nova, o atual debate foi motivado por: (i) interesse em inovações tecnológicas para o setor financeiro; (ii) o surgimento de novos entrantes em serviços de pagamento antecipado e intermediação; (iii) declínio do uso de papel moeda em alguns países; e (iv) aumento da atenção aos chamados *tokens* digitais privados como o *Bitcoin.* Em resposta ao crescente interesse pelo tema, o Banco Central do Brasil (BACEN) realizou estudos complementares sobre as implicações da emissão de uma moeda digital que poderá entrar em circulação a partir de 2020. O objetivo do artigo é discutir aspectos filosóficos (ou da consciência) do uso de criptomoedas. Procuramos atingir nosso objetivo a partir de três dimensões sobre o tema: (a) O papel da moeda e dos bancos centrais (b) aspectos conceituais da tecnologia *Blockchain* (c) aspectos filosóficos no uso das criptomoedas (ontologia, epistemologia e axiologia).

Palavras-Chave:

Uberização, *Blockchain*; criptomoedas; redes inteligentes; ontologia; epistemologia; axiologia.

[59] Departamento de Informática e Ciência da Computação da Universidade do Estado do Rio de Janeiro (UERJ).

Introdução

A expressão *uberização* virou significado para "como fazer negócios sem a presença de um intermediário". Na prática, trata-se de uma forma como empresas utilizam a tecnologia para colocar consumidores e fornecedores em contato direto de forma auto-organizada.

A edição especial do periódico *Futures* (2018) enfatiza a crescente mobilidade necessária para os processos de auto-organização no mundo de hoje. Novas relações e formas de comunicação estão surgindo entre sistemas e seus ambientes e entre seus atores constitutivos. Hoje, as organizações e os sistemas sociais exigem uma maior agilidade para responder às pressões ambientais, sociais e econômicas a partir das quais, aspectos tecnológicos e filosóficos desta tecnologia foram foco de inúmeros pesquisadores (Swan & de Filippi, 2017) (Andrade, 2011).

A revolução das interações oferece espaço para tecnologias digitais e estruturas conceituais transdisciplinares, para compor formas estruturais auto-organizadas que têm maior probabilidade de responder mais rapidamente às mudanças. Essa revolução das interações é possibilitada pelas contribuições de um grande número de atores distribuídos como, por exemplo, Uber, Waze, *Blockchain* e outros.

O desafio que é enfrentado é mais do que auto-organização, mas também, e mais significativamente, ligado a processos para acelerar o aprendizado pelo usuário do sistema. A solução de problemas relacionados requer respostas ágeis tanto por parte do sistema quanto dos usuários. Em outras palavras: quais estratégias de interação podem aumentar a capacidade de resposta e ajudar a entender um ambiente esmagadoramente complexo? Quais aspectos éticos estão envolvidos?

Neste trabalho trataremos das redes auto-organizadas para atendimento aos aspectos da consciência inspirados na intenção do Banco Central do Brasil (BACEN) para a criação de uma criptomoeda adicional à moeda tradicional, o Real. Por este processo, a transferência de valores seria realizada a partir de um aplicativo em celular utilizando uma tecnologia denominada *Blockchain.*

O papel do dinheiro

A primeira questão a ser tratada é: "que antiguidade tem o dinheiro (ou moeda)?". Pode-se avaliar que tem 2000 ou 5000 anos. Na realidade não se sabe a data da invenção do dinheiro e a razão para isso é não termos descoberto uma civilização que não tenha chegado a usá-lo. O que nos permite avaliar que o dinheiro é tão antigo quanto é a nossa civilização, em outras palavras, é tão antigo quanto à escrita. Quando observamos estas antigas escritas cuneiformes podemos concluir que representam dinheiro. Um aspecto importante da natureza do dinheiro e que também é uma forma de comunicação. Em sua essência, o dinheiro representa uma abstração de valor. Utilizamos o dinheiro para comunicar às demais pessoas um valor que atribuímos a algo, um produto ou serviço.

Conceitualmente, uma moeda deve ter três propriedades: (a) deve ser aceita como meio de pagamento para bens e serviços, (b) ser divisível para podermos fazer contas com ela e, (c) ser guardada sem perder valor. Na história da humanidade já existiram vários tipos de dinheiro que tiveram estas propriedades, desde pedras, metais e, finalmente, o papel moeda. (Cunha, 2019)

O *working paper* do BACEN de autoria de Burgos e Batavia (2019) nos mostra alguns aspectos relativos à implantação de criptomoeda pela autoridade monetária genericamente denominada *central bank digital currency* (CBDC), em que destaca em seus capítulos iniciais:

> A digitalização tem o potencial de oferecer imensos benefícios à sociedade e ao meio ambiente, apresentando várias oportunidades e desafios para empresas e formuladores de políticas. De acordo com um estudo do Fórum Econômico Mundial, a digitalização tem o potencial de desbloquear cerca de US$ 100 trilhões em próxima década para a indústria e a sociedade em geral. ... No espírito da inovação, o estudo visa insti-

> gar a pesagem, analisando razões e maneiras de reinventar a realidade, o produto mais simbólico de um banco central: sua moeda. Em relação ao caixa físico, é necessário reconhecer seus benefícios e riscos. (livre tradução-grifo do autor)

Para uma análise conceitual preliminar do efeito potencial do CBDC pode-se destacar três áreas principais de um banco central:

- Pagamentos;
- Implementação de política monetária; e
- Estabilidade financeira.

O CBDC não é um termo bem definido, visto que é usado para se referir a vários conceitos. No entanto, de uma forma geral é visto como uma nova forma de dinheiro do banco central. Ou seja, é um passivo bancário central vinculado a uma unidade de conta existente, que serve como meio de troca e reserva de valor. Seria uma inovação para usuários de uma forma geral, mas não para entidades financeiras, a quem chamaremos de *atacadistas.* Os bancos centrais fornecem dinheiro digital sob a forma de reservas ou saldos de contas, mantidos por bancos comerciais e outras instituições financeiras.

Para obter maior clareza, é útil colocar o CBDC no contexto de outros tipos de dinheiro na forma de um diagrama de Venn (Figura 1) que apresenta uma taxonomia enfocando as combinações de quatro propriedades principais: emissor (banco central ou outro); papel moeda (digital ou físico); acessibilidade (ampla ou restrita); e tecnologia (baseada em *token* ou em conta). Neste último caso, o conceito geral por trás de um sistema de autenticação baseado em *token* é simples: os usuários podem inserir seu nome e senha para obter um *token* que permita buscar um recurso específico - sem a necessidade de usar seu nome e senha, por exemplo, o *Bitcoin.*

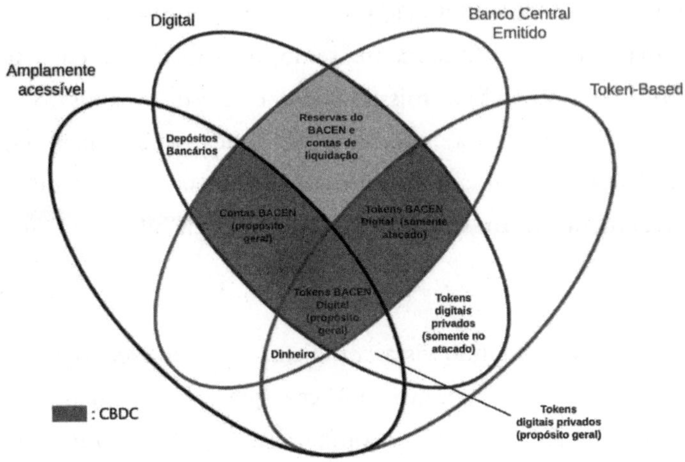

Figura 1: Taxonomia da moeda. / Fonte: Committee on Payments and Market Infrastructures, 2019

A área mais escura do diagrama nos mostra onde o CDBC pode existir. Observa-se que esta criptomoeda pode existir nos diversos segmentos, seja para uso geral pelo público ou para instituições financeiras. Convém destacar que a emissão do CBDC seria diferente do que é o *Bitcoin* em vários pontos. A começar que a sua oferta não seria definida inicialmente, pois o BACEN seguiria com sua política monetária de emissão de moeda.

O *Committee on Payments and Market Infrastructures*, entidade ligada ao *Bank for International Settlements* (2019), o banco central dos bancos centrais, segue analisando suas implicações potenciais de uma moeda para sistemas de pagamento, implementação e transmissão de política monetária, bem como para a estrutura e estabilidade do sistema financeiro, onde alguns destaques foram evidenciados:

- O CBDC é potencialmente uma nova forma de dinheiro do banco central que pode ser diferenciado de reservas ou dos saldos de liquidação mantidos por bancos comerciais em bancos centrais;

- Muitas formas de CBDC são possíveis, com implicações diferentes para o sistema financeiro. Atualmente, temos duas formas de emissão de moeda pelos bancos centrais: a emissão via papel moeda e a emissão eletrônica de reservas bancárias para os bancos. As implicações são mais evidentes para a implantação de uma política monetária e para os mercados financeiros, especialmente se um CBDC tiver que ser projetado como um ativo atraente;

- A criptomoeda quando vista como um ativo financeiro confiável é uma variante disponível para investidores e que seria semelhante a reservas de bancos centrais de natureza comparável às contas do governo de curto prazo. O Tesouro Direto é um exemplo deste tipo de conta.

Dentro da realidade brasileira, uma criptomoeda do BACEN oferece novas oportunidades para os "sem banco" ou desbancarizados como prefere a mídia. Hoje, no Brasil, há cerca de 60 milhões de desbancarizados, segundo o Estadão (apud IBGE), mas com acesso à Internet. Esse grupo movimenta R$ 665 bilhões ao ano, mais do que o PIB de países como Chile e Cingapura e está espalhado pelas diversas classes econômicas. (Estadão, 2018).

Um pouco da história do *Blockchain*

Tudo começa com um desenvolvedor com o pseudônimo de Satoshi Nakamoto que, em outubro de 2008, publicou um documento por meio de uma obscura lista de discussão na Internet detalhando um *design* para o primeiro *Blockchain* do mundo: um banco de dados público distribuído e sincronizado a cada 10 minutos em milhares de computadores, acessível a qualquer pessoa e ainda assim não hackeável. A expressão *Distributed Ledger Technology* (DTL) é a outra forma de referenciar à tecnologia *Blockchain*.

Com base nesta tecnologia, surgiu a ideia de criar uma moeda que não fosse ligada a nenhum governo, mas que pudesse cumprir com todos os requisitos acima usando uma tecnologia inovadora chamada de *Bitcoin* que, através de criptografia, um sistema distribuído e outras tecnicidades possibilitaram criar um sistema seguro e eficaz para transferência de valores. A criação do *Bitcoin* trouxe uma outra perspectiva para esse conceito que temos de moeda, já que ela, ao menos em tese, poderia cumprir todas as características de uma moeda tradicional.

O que vimos até o advento da tecnologia *Blockchain* pode ser considerada a primeira fase da Internet, caracterizada pela transferência de informações através de redes simples. Hoje, uma segunda fase de computação de rede está emergindo em um ambiente seguro, que permite transações computacionalmente validadas e a transferência de bens através de redes inteligentes. Assim como o SMTP (*simple mail transfer protocol*) é o protocolo de software pelo qual os usuários da Internet podem enviar um e-mail de uma forma transparente e interoperável, independentemente do seu provedor de e-mail, a tecnologia *Blockchain* permite que as pessoas transfiram dinheiro independentemente do seu banco.

A partir de 2016, foi criada uma nova versão, denominada *Ethereum* que, usando a tecnologia *Blockchain* ampliava suas capacidades, otimizava o processo de validação e, era capaz de executar *contratos inteligentes*[60] para tudo que pudesse ser programado, conforme definido pelos desenvolvedores.

O que é o *Blockchain*

Em linhas gerais, pode-se dizer que uma rede *Blockchain* é uma rede distribuída de computadores do tipo ponto-a-ponto (*P2P peer to peer*) com um conjunto de tecnologias e processos (protocolos) tais que:

---

60 Contratos inteligentes são contratos de assinatura digital cuja verificação é realizada por meio de protocolos de computador, sem qualquer possibilidade de tempo de inatividade, censura, fraude ou manipulação por terceiros.

a. permite que os bancos de dados de todas as transações (*ledger*) tenham informações atualizadas em todos os membros (nós);

b. a comunicação entre os nós é coordenada de forma independente por cada computador da rede;

c. as transações somente são incluídas nos *ledgers* após seus dados serem validados pela maioria dos nós usando um algoritmo acordado (*proof of work*);

A Figura 2 a seguir mostra, em linhas gerais, a arquitetura desta rede distribuída.

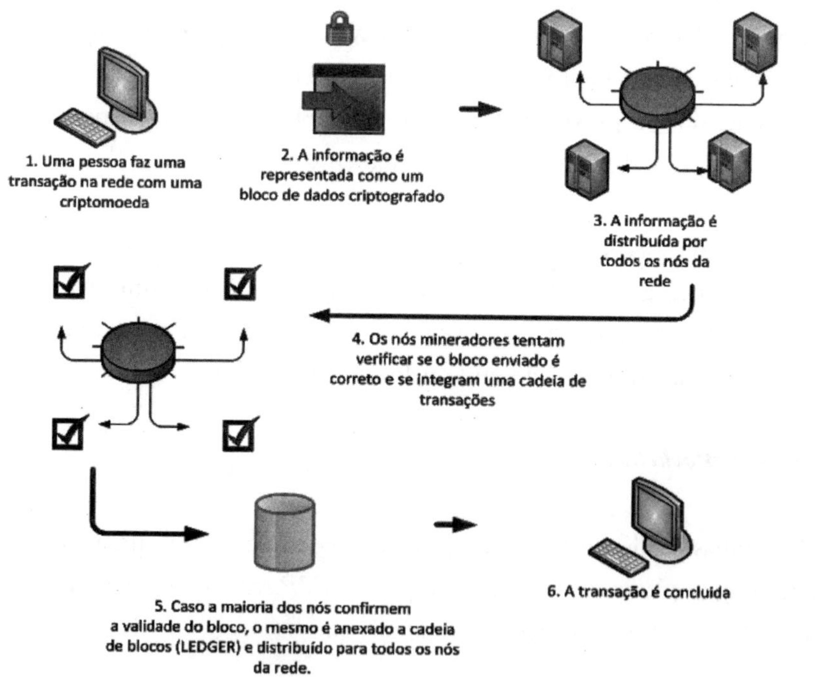

Figura 2 - Arquitetura da Tecnologia Blockchain / Fonte Byrne, Sullivan, & O'Sullivan, 2018

Observa-se que esta arquitetura foi construída tendo em mente quatro principais características: segurança das operações, descentralização de armazenamento /computação, integridade de dados e imutabilidade de transações.

A rede P2P não é uma inovação nas redes de computadores, o software *Napster* para músicas (proibido pela indústria fonográfica) ou as redes *Torrent* para distribuição de software são exemplos dessa tecnologia.

O ponto focal da tecnologia é baseado em uma cadeia de blocos (originalmente de duas palavras: block e chain) que é uma lista crescente de registros digitais em pacotes (chamados blocos) gravados no *ledger* (em português – livro razão) que são vinculados e protegidos usando criptografia.

Esses "blocos" de dados gravados digitalmente são armazenados em uma cadeia linear. Os blocos de dados se baseiam no bloco anterior (que veio antes dele) da cadeia, garantindo que todos os dados na "cadeia de blocos" geral não tenham sido violados e não tenham sido alterados. A Figura 3 ilustra como os blocos são construídos.

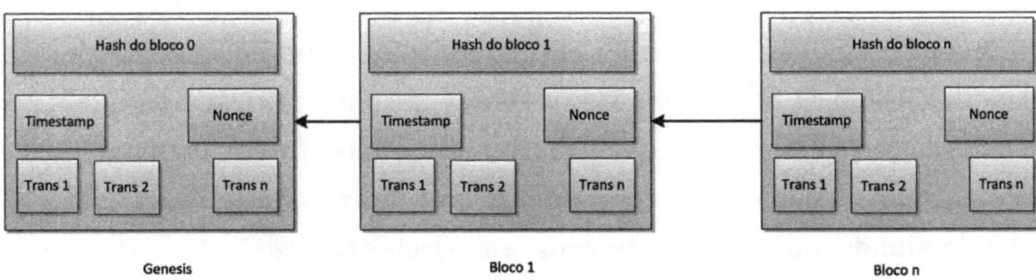

Figura 3: Exemplo de Blockchain. / Fonte: Michael Nofer, 2017

O primeiro computador a quebrar a criptografia do bloco, o adiciona ao *Blockchain*, divulga aos demais computadores da rede e reivindica uma remuneração associada a ela.

A ideia principal é que, nas redes inteligentes, a validação e a transferência de dados são realizadas pela própria rede. A inteligência é construída diretamente nas operações da rede por meio de um sofisticado protocolo que identifica automaticamente, valida, confirma e roteia as transações dentro da rede.

Como resultado desse processo, uma nova forma de "confiabilidade" é criada por um algoritmo, que se distingue, significativamente, das metodologias adotadas nos tradicionais algoritmos de criptografia.

Uma implicação de transferência de valores através de redes inteligentes consiste em dar credibilidade aos algoritmos de validação ao invés de confiar no ser humano e nas instituições, tradicionais intermediárias responsáveis pela verificação e validação de transações e que podem, no futuro, se tornar obsoletos.

No Anexo I são apresentados os principais conceitos utilizados na tecnologia *Blockchain*.

Aspectos da consciência

O que tratamos até agora reflete aspectos técnicos sobre os conceitos de moeda e da tecnologia *Blockchain*. Mas o *Bitcoin*, a aplicação mais relevante desta tecnologia, não é um fenômeno isolado. Sua aparição ocorre em um momento da história em que estão ocorrendo profundas mudanças em instituições sociais ao redor do mundo, que agora são baseadas em relações em rede.

Durante séculos as instituições sociais foram organizadas em forma hierárquica: as empresas, a igreja, as forças armadas, a educação entre outras. As interações por sua vez foram organizadas em torno da autoridade de cada uma destas hierarquias e da burocracia ao redor das pessoas. Porém, algo mudou com o advento da Internet. Começamos a ver que os sistemas fechados, opacos com suas hierarquias, iam transformando-se em plataformas. E, talvez, a mais importante mudança ocorreu quando estas plataformas se transformaram em protocolos. O interessante é que um protocolo não necessita passar por um processador central. Um bom exemplo é o protocolo TCP/IP que governa a base da comunicação na Internet que funciona sem um contexto concreto e pode funcionar em qualquer lugar do mundo sem a necessidade de criar uma conta.

Bitcoin foi a primeira forma de dinheiro baseada em rede e em um protocolo. Outro conceito que podemos observar é que o *Bitcoin* é *dinheiro entre iguais* já que cada nó da rede fala o mesmo protocolo em um mesmo nível. Na rede *Blockchain* cada nó da rede trata as informações de forma igualitária, e o faz de forma radical e disruptiva substituindo uma arquitetura centralizada, como a dos bancos, por outra onde todos os participantes são iguais e cujas regras de funcionamento são ditadas pelo consenso e onde ninguém a controla.

A criação das criptomoedas representa um sistema monetário que é absolutamente transacional e carece de fronteiras. Na história da humanidade nunca houve um sistema similar em que se transmite dinheiro à velocidade da luz com a simples ajuda de um computador e de uma rede.

Outras aplicações para além da transferência de valores podem ter um papel relevante na construção de uma estabilidade social nas comunidades carentes, e também inúmeras outras áreas vêm se utilizando da tecnologia para suas aplicações. (Underwood, 2016). Em consequência, será válido supor que se adotado em larga escala, as criptomoedas e suas transações poderiam se tornar um registro de rastreamento para a atividade do mundo, uma espécie de memória da sociedade, para o bem e para o mal.

Prosseguindo, as redes inteligentes nos levam a repensar em tópicos para além da dimensão tecnológica tais como a relação entre o mundo físico e o mundo virtual, o indivíduo e a sociedade, e os conceitos de privacidade, materialidade, personificação, temporalidade e espacialidade que serão abordados nos tópicos a seguir.

As tecnologias digitais estão transformando nossos sistemas sociais por meio de uma profunda mudança comportamental. As redes sociais, tais como as conhecemos hoje, não dão conta da complexidade dos conteúdos das ciências humanas e sociais onde as relações são mais emocionais que racionais. Essas características tornam a *Sociedade Blockchain* uma necessidade para o desenvolvimento da *Tecnologia Blockchain* e um modelo para a transformação da produção social e estilo de vida.

Algumas questões ficam postas para uma discussão posterior. As estratégias de interação baseadas em redes sociais podem aumentar a capacidade de resposta e ajudar a entender um ambiente geralmente complexo demais? Quais as estratégias interativas podem ajudar as organizações a alcançar resultados desejáveis e manter a estabilidade dinâmica com seus ambientes? Como serão os seus futuros?

A filosofia *Blockchain*

O entendimento de alguns aspectos conceituais é relevante, pois a tecnologia *Blockchain* é uma ideia complexa e difícil de compreender imediatamente já que reúne e integra vários campos da ciência, tais como criptografia, economia e tecnologias de Ciência da Computação, principalmente segurança da informação.

Neste ponto cabe a reflexão se uma criptomoeda ou em sua forma mais ampla, a tecnologia *Blockchain* é "a melhor versão de algo que se sabe" ou se é "uma inovação que dá origem a algo novo". Em relação a uma criptomoeda, "é dinheiro digital", algo que conhecemos; mas também é "algo novo" que fornece a capacidade de configurar todos os parâmetros de uma moeda: quem pode usá-lo, como, onde e por quê, e o que vai acontecer no futuro, tais como a emissão da moeda, redistribuição, preço, posicionamento e os custos de exploração associados com dinheiro que não eram disponíveis anteriormente.

Alguns aspectos relevantes sobre a filosofia *Blockchain* nos convidam para uma gama de considerações (Toward a Philosophy of Blockchain: A Symposium: Introduction., 2017):

a. Ontologia;
b. Epistemologia;
c. Axiologia.

De um modo geral, a ontologia trata as questões da existência. O que é tecnologia de *Blockchain*? Como está sendo caracterizada, criada e implementada? Assim, de um ponto de vista prático, uma filosofia de *Blockchain* ontológico seria uma definição concisa do que a tecnologia é, incluindo a sua finalidade, a função e as dimensões.

A segunda área, epistemologia, lida com o conhecimento. Podemos perguntar o que a nova tecnologia de *Blockchain* pode nos ajudar a entender. Isso pode ser tanto para os conhecimentos antigos quanto para os novos, e que inclui as novas formas de saber. A grande pergunta é: Há necessidade de um novo conhecimento para lidar com a tecnologia *Blockchain*?

A terceira área, axiologia, principalmente ética e estética, diz respeito a como a tecnologia *Blockchain* é valorizada pelos indivíduos e a sociedade. Que aspectos estão sendo valorizados, desvalorizados e esquecidos/ E por quem? Quais normas de comportamento estão sendo estabelecidas? O que constitui uma estética de *Blockchain* no sentido de que aspectos são vistos e valorizados como sendo bonitos, elegantes, ou esteticamente agradáveis?

A seguir será apresentada uma breve visão sobre as três áreas em estudo.

Aspectos ontológicos

Em uma visão ontológica, no artigo *Computing Ledgers and the Political Ontology of the Blockchain* (2017) Pablo R. Velasco analisa a estrutura política dos sistemas monetários no sentido tradicional e no modelo *Blockchain*, e conclui que, com *Blockchain* a autoridade monetária é deslocada da função de *atores institucionais do sistema* para o *controle instrumental de confiança do software.*

A fim de compreender a diferença entre a política do sistema bancário tradicional e a política do livro-razão computacional (*ledger*), Velasco se engaja em uma análise comparativa da ontologia política do dinheiro, como é tradicionalmente produzido pelos bancos centrais e do dinheiro, como ele é produzido no contexto de um sistema baseado em *Blockchain.*

Outro trabalho analisado foi elaborado por Bjerg (2016), em que o autor enfatiza as qualidades que o *Bitcoin* retém sobre outras formas de dinheiro, ao mesmo tempo dissociando-o dessas mesmas formas. O produto final desconcertante é uma moeda digital que mantém a qualidade padrão-ouro sem ser ouro, é regulado sem a necessidade do Estado, e pode ser classificado como crédito, mas sem dívida envolvida. Com o *Blockchain*, o Estado desaparece da esfera monetária: não apenas do processo de transmissão de dinheiro, mas também do próprio processo de produção. Este tem pelo menos duas implicações. Uma delas é que a rede *Blockchain* se torna um elemento qualitativo de parte do processo de produção. A outra é que, à medida que o processo produtivo se torna cada vez mais dependente de sistemas computacionais, a produção de mercadorias (bens sociais intangíveis como, por exemplo, autoridade e confiança) tradicionalmente geradas por humanos está sendo transferida para estes sistemas.

As formas políticas descritas não podem ser totalmente definidas por atores tradicionais, como o Estado, um grupo de desenvolvedores ou o mercado. Eles exigem o desenvolvimento de ontologias mistas e o questionamento não apenas de como as estruturas políticas produzem dispositivos tecnológicos, mas também de como os dispositivos tecnológicos produzem políticas.

Pode-se concluir que, tanto o sistema monetário tradicional quanto um sistema baseado em *Blockchain* são, inerentemente, políticos, no sentido de que qualidades como controle, confiança e autoridade, são intrínsecos a estes dois sistemas.

Aspectos epistemológicos

As criptomoedas são algo diferente, é uma novidade que será explorada diante de um sistema financeiro antigo. Quando lemos sobre as tecnologias disruptivas do passado como as dos anos 1920, 1930 ou 1950 podemos ter uma compreensão retrospectiva mais clara. Por exemplo, quando surgiram os primeiros carros, a imprensa e as pessoas afirmaram "Isto é uma loucura. Estas repugnantes e ruidosas máquinas acabarão com todos. Para que são necessárias se temos os cavalos?". Isto é o que ocorre quando surgem tecnologias disruptivas. A primeira reação é a de rejeição à tecnologia pelo desconhecimento de seus benefícios. Com frequência, as novas tecnologias necessitam utilizar a infraestrutura existente. No caso dos carros, seu verdadeiro uso apareceu quando passaram a existir vias pavimentadas que pudessem dar suporte não apenas a estes, mas também aos cavalos.

Esta história chegou a um ponto máximo no Reino Unido em 1865, com a aprovação da chamada *Red Flag Act,* que exigia que qualquer veículo a motor deveria ter três tripulantes a bordo. Um condutor dirigia o veículo, um engenheiro supervisor de toda a operação, freios etc. e um terceiro levaria uma bandeira vermelha a 100 jardas (91,44 metros) à frente do veículo avisando aos pedestres que estava vindo uma máquina cortando as ruas. Pode-se imaginar o atraso que este desconhecimento da tecnologia acarretou para a indústria automobilística no Reino Unido. Outros exemplos de como o desconhecimento impactou o uso de novas tecnologias estão evidentes, o que nos permite intuir que a principal barreira epistemológica está no preconceito ao processo de mudança.

Analisando sob essa óptica, a filosofia do *Blockchain* nos sugere tratar-se de um laboratório que usa *hardware* e os conceitos de *Software Livre* (*Free Software Foundation,* 2019) para ampliar os ideais de ciência puramente epistêmicos (melhorando o conhecimento sobre a natureza) e normativos (melhorando a sociedade). Encontramos uma avaliação em *On the Philosophy of Bitcoin/Blockchain technology Is it a chaotic, complex system?* (2017), em que Renato Santos afirma que, o ecossistema *Blockchain,* formado pelo próprio software *Blockchain/Bitcoin,* usuários finais (pagadores e beneficiários), mineradores, mantenedores de nós, e suas interações, que mantêm o seu livro-razão distribuído funcionando, pode ser considerado algoritmicamente complicado, mas não necessariamente um sistema complexo, mas que seu uso demanda uma capacitação dos usuários.

Em relação aos novos conhecimentos necessários para lidar com a tecnologia *Blockchain,* Quinn DuPont no artigo *Blockchain Identities: Notational Technologies for Control and Management of Abstracted Entitie*" (2017) sustenta que a tecnologia pode ser interpretada como *notacional,* onde seu aprendizado é um processo cognitivo complexo, no qual as habilidades perceptivas e motoras não têm um peso fundamental (Ministério da Educação, 2012). O uso de uma criptomoeda mais que uma simples transferência de recursos, importa também na aprendizagem para o uso de uma nova linguagem com seus símbolos e significados onde o usuário precisa compreender, reconstruindo estes símbolos em sua mente.

Por outro lado, o uso das redes sociais está difundido em nossa sociedade influindo em diversos aspectos de nossa vida. Uma parcela da disseminação de seu uso é possibilitada pela facilidade de aprendizagem com diversos graus de cultura. A questão que fica em relação ao *Blockchain* é se o mesmo usuário das redes sociais será capaz de usá-la e se poderá confiar na tecnologia.

A pesquisa publicada em *The World Bitcoin Created* (2018) evidencia alguns aspectos como esta tecnologia ainda não é bem entendida:

- 62% dos americanos acreditam que as criptomoedas são usadas para compras ilegais ou não sabem para que são usadas, de acordo com uma pesquisa da YouGov de 2017.

- 59% dos consumidores globais pesquisados em uma pesquisa do HSBC de 2017 disseram que nunca ouviram falar da tecnologia *Blockchain*; 80% dos que ouviram falar da tecnologia ainda não entendem o que é.

- 39% dos executivos seniores de grandes empresas dos EUA indicaram que tinham pouco ou nenhum conhecimento sobre a tecnologia *Blockchain*, de acordo com uma pesquisa da Deloitte em 2017.

Podemos aferir que o uso generalizado de uma criptomoeda poderá enfrentar dificuldades quanto à necessidade de um esclarecimento sobre o que é, bem como sua confiabilidade principalmente pela parcela da população que, embora seja usuário das redes sociais, não possui conta em banco.

Aspectos axiomáticos

Em relação aos aspectos éticos e estéticos, dois grupos de comportamentos podem ser analisados: quanto aos aspectos relativos ao uso da tecnologia e, quanto ao uso da grande base de dados (*big data*) gerada pelas transações.

No tocante ao uso da tecnologia, Kobina (2017) prevê existir um grande impacto na forma como transacionamos uns com os outros e esta deve ser uma questão relevante de forma que as necessidades da sociedade em geral sejam levadas em consideração, visto que a tecnologia é aquela que emerge do domínio da Internet, a inclusão torna-se ainda mais aguda, a fim de evitar a ampliação da lacuna existente na obtenção da "*inclusão digital*".

Com *Blockchain*, a obrigação pode até ser vista como moral, já que se diz que tem o potencial de negar o abuso de confiança por parte dos estados e instituições. Isso poderia mudar o jogo em áreas como as compras públicas e a condução de eleições onde a corrupção e fraudes eleitorais podem levar à negação de recursos essenciais à população.

Outro aspecto axiomático trata do uso dos *Big Datas* armazenados nos *ledgers*. Alguns aspectos axiomáticos do uso dos dados dos Big Datas são apresentados em *The societal impact of big data* (2018) onde as externalidades do uso de dados dos *big datas* é analisado segundo externalidades econômicas, sociais e éticas, legais e políticas.

Conclui-se que uma nova pesquisa é necessária para quantificar os riscos criados pelas práticas que dependem de *big data*. Isso inclui lidar com riscos individuais mínimos que, no entanto, afetam uma população muito grande e com riscos de privacidade que dependem de uma expectativa de privacidade altamente variável. Uma ampla pesquisa também é necessária para explicar e mitigar os riscos de compartilhar conjuntos de dados que podem ser posteriormente combinados com conjuntos de dados auxiliares, portanto, aumentando o risco de falha na privacidade.

Outro aspecto a ser considerado é o uso de conjuntos de dados disponíveis publicamente, embora obtidos de forma lícita, também é motivo de controvérsia dentro da comunidade científica. É necessário estabelecer pelo menos as melhores práticas sobre como abordar esse desafio.

O uso de uma criptomoeda por um país nos leva a refletir sobre os riscos, já que existe uma demanda da comunidade científica para acessar dados de propriedade de empresas para fins de pesquisa. Alguns padrões precisam ser estabelecidos para permitir tal compartilhamento de dados entre setores de uma forma que permita que as empresas contribuam com dados anônimos para a comunidade científica sem a possibilidade de quebra de privacidade.

Conclusões

A consciência do que é a moeda tal como a conhecemos hoje está sofrendo inúmeras mutações, não apenas no meio circulante, mas também em seu significado político. Para onde iremos é uma incógnita haja vista que os debates sobre moedas digitais dos bancos centrais estão ganhando grande atenção do mundo todo. Muitos dos principais bancos centrais a exemplo do Banco Central Europeu (2012), o banco central do Japão (Yanagawa & Yamaoka, 2019) e o BACEN, já têm planos para emitir moedas digitais que possam substituir as cédulas em circulação.

A uberização da moeda e os debates sobre moedas digitais emitidas por um banco central cobrem questões técnicas amplas, como seus possíveis impactos na eficiência dos pagamentos, intermediação de fundos dos bancos, crises de liquidez e o mecanismo de transmissão da política monetária. Todas essas questões têm implicações importantes para as funções do dinheiro e para o seu futuro.

A criptomoeda nos parece inevitável mesmo que não substitua integralmente a moeda tradicional. No entanto, os trabalhos publicados não são conclusivos quanto aos seus impactos. Para considerar os prós e os contras das moedas digitais do banco central e o futuro da moeda, é necessário elaborar novos estudos e avaliar seus possíveis impactos, não apenas na eficiência dos pagamentos, mas também na estrutura financeira e na economia em geral. Também é importante estudar seus impactos na utilização eficaz dos dados e na dinâmica da «externalidade de redes» (DuPont, 2017), que é uma das principais características da criptomoeda.

No tocante aos aspectos da consciência, entendemos as redes *Blockchain* como sendo uma tecnologia social que "compreende produtos, técnicas e/ou metodologias reaplicáveis, desenvolvidas na interação com a comunidade e que represente efetivas soluções de transformação social". Estes elementos podem – e devem – ser integrados e usados em sinergia entre si e com conhecimentos disciplinares, científicos, visando o desenvolvimento de projetos que promovam inclusão social e gerem trabalho e renda.

Referências

Andrade, G. (2011). Internet Encyclopedia of Philosophy. *Enl@ce: Revista Venezolana de Informacion, Tecnologia y Conocimiento, Vol.8(1)*, 106(12).

Bank for International Settlements. (march de 2019). *Central bank digital currencies.* Fonte: https://www.bis.org/cpmi/publ/d174.pdf

Briscoe, G., & Mulligan, C. (maio de 2014). *Digital Innovation: The Hackathon Phenomenon.* Acesso em 9 de setembro de 2019, disponível em CREATIVEWORKS LONDON WORKING PAPER NO.6: http://www.creativeworkslondon.org.uk/wp-content/uploads/2013/11/Digital-Innovation-The-Hackathon-Phenomenon1.pdf

Burgos, A., & Batavia, B. (2019). *Banco Central do Brasil.* Acesso em 09 de setembro de 2019, disponível em https://www.bcb.gov.br/htms/public/inovtec/Currency-in-the-Digital-Era.pdf?5

Byrne, J. R., Sullivan, K., & O´Sullivan, K. (2018). Active Learning of Computer Science Using a Hackathon-like Pedagogial Model.

Committee on Payments and Market Infrastructures. (2019). Acesso em 10 de setembro de 2019, disponível em Central Bank of Digital Currencies: https://www.bis.org/cpmi/publ/d174.pdf

Crutchfield, J. (2011). Between Order and Chaos. *Nature Physics 8*, 17-24.

Crutchfielf, J. P. (1994). The Calculi of Emergence. *Physica D: Nonlinear Phenomena*, 17-24.

Cunha, G. (2019). *Bitcoin do governo: entenda a ideia da moeda digital do Banco Central.* Acesso em 16 de setembro de 2019, disponível em https://www.infomoney.com.br/blogs/investimentos/blog-do-gcunha/amp/post/7986656

Cuquet, M., & Fensel, A. (2018). The societal impact of big data: A research roadmap for Europe. *Technology in Society, 54*, pp. 74-86. doi:https://doi.org/10.1016/j.techsoc.2018.03.005

DuPont, Q. (2017). *Blockchain* Identities: Notational Technologies for Control and Management of Abstracted Entities. *Metaphylosopy, Vol.48(5)*, 634-653.

Estadão. (6 de 6 de 2018). *link*. Fonte: https://link.estadao.com.br/noticias/inovacao,startups-miram-brasileiros-que-nao-tem-acesso-ao-sistema-bancario,70002339265

European Central Bank. (october de 2012). Acesso em 07 de october de 2019, disponível em Virtual Schemes Currency: https://www.ecb.europa.eu/pub/pdf/other/virtualcurrencyschemes201210en.pdf

Free Software Foundation. (24 de 09 de 2019). Fonte: https://www.fsf.org/pt-br

Futures of Society: the interactions revolution. (julho de 2018). *Futures, 103*, pp. 1-4. doi:https://doi.org/10.1016/j.futures.2018.07.009

Gros, B. (2016). The design of smart educationalenvironments. *Smart Learning Environments*, pp. 3-15. doi:10.1186/s40561-016-0039-x

Hughes, K. (october de 2017). *Blockchain*, The Greater Good, and Human and Civil Rights. *Metaphilosophy, Vol. 48, Número 5*, pp. 654-665.

Hwang, G. J., Hung, C. M., & Chen, N. S. (abril de 2014). Improving learning achievements, motivations and problem-solving skills through a peer assessment-based game development approach. *Educational Technology Research and Deve-*

lopment, 62(2), pp. 129-145. doi:https://doi.org/10.1007/s11423-013-9320-7

Kera, D. (2017). Science Artisans and Open Science Hardware. *Bulletin of Science, Technology & Society (BSTS),, Vol. 37(2)* , pp. 97 –111 .

Klichowski, M., Bonanno, P., Jasku, S., Smaniotto Costa, C., Lange, M. d., & Klauser, F. R. (2015). CyberParks as a New Context for Smart Education: Theoretical Background, Assumptions, and Pre-service Teachers' Rating. *American Journal of Educational Research, Vol. 3* (No. 12A), pp. 1-10. doi:10.12691/education-3-12A-1

Michael Nofer, P. G. (10 de march de 2017). *Blockchain. Bus Inf Syst Eng, 3*, pp. 183–187.

Ministério da Educação. (2012). *A APRENDIZAGEM DO SISTEMA DE ESCRITA ALFABÉTICA.* Fonte: http://www.piraquara.pr.gov.br/aprefeitura/secretariaseorgaos/educacao/uploadAddress/Unidade_03_Ano_01_%5B3634%5D.pdf

PAVLUS, J. (jan de 2018). THE WORLD *BITCOIN* CREATED. *Scientific American, Vol. 318*(1), pp. 32-37. Acesso em 03 de 10 de 2019, disponível em http://search-ebscohost-com.ez83.periodicos.capes.gov.br/login.aspx?direct=true&db=aph&AN=126727561&lang=pt-br&site=ehost-live

Ritto, A. C. (2010). *Metodologia para produção de conhecimento socialmente robusto.* Rio de Janeiro, Rio de Janeiro, Brasil: Ciencia Moderna.

Santos, R. P. (October de 2017). ON THE PHILOSOPHY OF *BITCOIN/BLOCKCHAIN* TECHNOLOGY IS IT A CHAOTIC, COMPLEX SYSTEM? *Metaphilosophy, Vol. 48, No. 5,*, 620-663.

Significados. (s.d.). Acesso em 12 de 03 de 2019, disponível em https://www.significados.com.br/hackathon/

Swan, M., & de Filippi, P. (oct de 2017). Toward a Philosophy of *Blockchain*: A Symposium: Introduction. *Metaphilosophy, Vol. 48 Issue 5*, 603-619. Acesso em 21 de 11 de 2018

Underwood, S. (2016). *Blockchain* beyond *Bitcoin*.(other applications of *Blockchain* technology)(News. *Communications of the ACM, Vol.59(11)*, 15-17.

Velasco, P. R. (2017). Computing Ledgers and the Political Ontology of the *Blockchain*. *Metaphilosophy, Vol.48(5)*, 712-726.

Yanagawa, N., & Yamaoka, H. (February de 2019). Fonte: Digital Innovation, Data Revolution and.

Anexo I - Conceitos

CRIPTOMOEDA: Uma forma de moeda digital que depende da matemática e da criptografia para controlar como e quando as unidades da moeda são criadas e para garantir uma transferência segura de fundos.

REDE PER TO PER (P2P): Uma rede de computadores conectados de maneira descentralizada, de modo que qualquer computador possa se comunicar diretamente com outro, sem passar por um servidor central ou outro administrador. O Napster, a rede de compartilhamento de arquivos de música lançada no final dos anos 90, popularizou o conceito.

NODE: Um computador conectado a uma rede P2P. A rede *Bitcoin* atualmente tem milhares de nós espalhados por todo o mundo.

LEDGER DISTRIBUÍDO: Uma lista de transações registradas com registro de data e hora que são transmitidas, copiadas e verificadas simultaneamente por consenso em muitos computadores diferentes em uma rede P2P. Se todos os nós da rede tiverem uma cópia idêntica do livro razão, entradas falsas ou versões corrompidas poderão ser facilmente detectadas.

BLOCO: Um agrupamento de registros de transações individuais em uma *Blockchain*. Na rede *Bitcoin*, novos blocos são adicionados à cadeia a cada 10 minutos.

HASHING: Um método criptográfico que usa uma função matemática para condensar qualquer quantidade de dados em uma sequência única de caracteres alfanuméricos de um determinado comprimento fixo - chamado valor de *hash*. Isso cria uma impressão digital facilmente verificável para os dados em *hash*. Se um único *bit* dos dados originais for alterado ou corrompido, a impressão digital que emerge da função *hash* será drasticamente diferente, facilitando a detecção de erros ou adulteração. Os *hash*es também são "unidirecionais" - os dados não podem ser remontados ou extraídos da impressão digital.

MINERAÇÃO O processo pelo qual os nós de uma rede de criptomoedas competem para adicionar com segurança novos blocos de transações a uma *Blockchain*. As unidades da moeda são a recompensa - e, portanto, um incentivo financeiro para garantir a segurança. A mineração envolve o download da versão mais recente das transações da *Blockchain* para verificação e o uso da computação de força bruta para procurar aleatoriamente a solução para um quebra-cabeça matemático difícil criado por *hash*.

A Lei Geral de Proteção de Dados - LGPD - Por que privacidade de dados pessoais?

Profº. Fernando Kaczelnik

"Antes de eu escrever meu nome e idade no quadro, quero saber como você pretende usar esses dados."

"A transparência deve ser diretamente proporcional ao poder. A privacidade deve ser inversamente proporcional ao poder" (Danilo Doneda)

Introdução

A cada avanço tecnológico, é inevitável que surjam discussões e análises acerca dos impactos que estas promovem na sociedade em geral.

Quando surge a fotografia e a imprensa começa a expandir seu alcance, no final do século XVIII, começa-se a discutir sobre a invasão de privacidade que a divulgação de uma foto, em que aparece uma determinada pessoa, impõe e se seria correta essa divulgação. Até que ponto aparecer o rosto de um cidadão em um jornal, sem sua autorização, deveria ser permitido? A questão do consentimento já era motivo para debate, mesmo sem essa denominação!

Desde o final do século XVIII, passando pela segunda guerra mundial e o pós-guerra, o desenvolvimento de novas tecnologias começou a acontecer em um ritmo cada vez maior, impondo mudanças em intervalos cada vez menores. E a cada novidade, a facilidade de circular a informação foi ficando cada vez maior. E quanto mais fácil a informação era propagada, mais fácil seria romper a privacidade das pessoas.

Se observarmos o rápido avanço da microinformática e o surgimento da Internet, situações essas em que a utilização de computadores deixou de ser uma atividade essencialmente empresarial, até chegarmos à primeira década deste século, com a popularização das redes sociais, podemos concluir que ao mundo foi imposta uma brusca mudança de comportamentos, dada a facilidade de tramitar informações, com crescente velocidade, e o alcance praticamente universal que estas atingiram. As distâncias no mundo nunca foram tão curtas.

Com a crescente facilidade para coletar e armazenar informações, estas passaram a ser cada vez mais valiosas. Empresas investem cifras gigantescas para ter dados de clientes ou prospects (potenciais clientes), e ferramentas cada vez mais inteligentes transformam esses dados em informações de alto valor. No entanto, essa explosão de utilização de dados torna a questão de privacidade, segurança e proteção de dados pessoais para o centro do debate, o que leva à compreensão do surgimento de diversos regulamentos de privacidade e proteção de dados pessoais.

Todas essas mudanças que vão sendo observadas ao longo do tempo culminaram na implantação de legislações específicas para a privacidade e a proteção de dados pessoais, incluindo o Brasil.

Histórico das leis de privacidade e proteção de dados

Embora muito atual este tema não é novo.

Em 1890 Louis D. Brandeis escreveu para a Revista Harvard Law Review um artigo intitulado "O Direito à Privacidade" (no original: "The Right to Privacy") sobre o direito de não ser incomodado e de não sofrer invasões e que, cinquenta e oito anos depois, serviu como um dos pilares para a Declaração Universal dos Direitos Humanos:

> *"As recentes invenções e métodos de negócios chamam a atenção para o próximo passo que deve ser tomado para a proteção da pessoa e para assegurar ao indivíduo... o direito de "estar sozinho""*[59][60]

Após a Segunda Guerra Mundial, a preocupação em estabelecer regras para tentar minimizar o risco de novas barbáries começou a pautar inúmeros debates. A criação da ONU neste momento talvez seja o maior indicador dessa necessidade.

Em 1948 foi escrita a Declaração Universal dos Direitos Humanos. Em seu art. 12º a questão da privacidade aparece:

> *art. 12º.:*
> *Ninguém sofrerá intromissões arbitrárias na sua vida privada, na sua família, no seu domicílio........ "*

Em 1950 Os Estados-Membros da UE assinaram Convenção Europeia sobre Direitos Humanos. Este documento defendia o direito ao respeito pela vida privada e familiar.

Em 1957 o Tratado de Roma, que é um Tratado sobre o Funcionamento da Europa, estabelece: "Todos têm o direito de proteger os dados pessoais que lhes dizem respeito".

---

59 Extraído de "EXIN Privacy & Data Protection Foundation – Privacidade, Dados Pessoais e GDPR – White Paper – Leo Besemer"

60 Texto original: WARREN, Samuel D.; BRANDEIS, Louis, D. Right to privacy. Harvard Law Review, v.IV, n.5, 1890. Disponível em: < https://www.cs.cornell.edu/~shmat/courses/cs5436/warren-brandeis.pdf> Acesso em 12/novembro/2019.

Na década de 70, impulsionados pelo amplo desenvolvimento da indústria e da computação, as primeiras leis foram implementadas na Europa, mais especificamente em 1978, na Alemanha, França, Noruega, Suécia e Áustria.

Em 1981 houve o que pode ser considerado o primeiro movimento conjunto no sentido de estabelecer regras comuns aos países membros do então Conselho da Europa. Foi assinada a Convenção para a Proteção de Indivíduos, que diz respeito ao Processamento Automático de Dados Pessoais também conhecido como Tratado de Estrasburgo.

Traçando um paralelo com o Brasil, no final da década de 80, mais precisamente em 1988, foi promulgada nossa Constituição. Em seu artigo 5º, incisos X e XII, a questão da privacidade é colocada de forma clara:

> *Art. 5º Todos são iguais perante a lei, sem distinção de qualquer natureza, garantindo-se aos brasileiros e aos estrangeiros residentes no País a inviolabilidade do direito à vida, à liberdade, à igualdade, à segurança e à propriedade, nos termos seguintes:*
>
> *X - São invioláveis a intimidade, a vida privada, a honra e a imagem das pessoas, assegurado o direito a indenização pelo dano material ou moral decorrente de sua violação;*
>
> *XII - é inviolável o sigilo da correspondência e das comunicações telegráficas, de dados e das comunicações telefônicas, salvo, no último caso, por ordem judicial, nas hipóteses e na forma que a lei estabelecer para fins de investigação criminal ou instrução processual penal; (este inciso foi acrescentado pela Lei 9.296 de 1996).*

Ainda no Brasil, em 1993 foi implantado o Código de Defesa do Consumidor (Lei 8.078 / 1990), que aborda a proteção de dados e o direito de acesso aos dados por parte do próprio titular, de forma mais específica.

> *Art. 43. O consumidor, sem prejuízo do disposto no art. 86, terá acesso às informações existentes em cadastros, fichas, registros e dados pessoais e de consumo arquivados sobre ele, bem como sobre as suas respectivas fontes.*
>
> *§ 1° Os cadastros e dados de consumidores devem ser objetivos, claros, verdadeiros e em linguagem de fácil compreensão, não podendo conter informações negativas referentes a período superior a cinco anos.*
>
> *§ 2° A abertura de cadastro, ficha, registro e dados pessoais e de consumo deverá ser comunicada por escrito ao consumidor, quando não solicitada por ele.*
>
> *§ 3° O consumidor, sempre que encontrar inexatidão nos seus dados e cadastros, poderá exigir sua imediata correção, devendo o arquivista, no prazo de cinco dias úteis, comunicar a alteração aos eventuais destinatários das informações incorretas.*
>
> *§ 4° Os bancos de dados e cadastros relativos a consumidores, os serviços de proteção ao crédito e congêneres são considerados entidades de caráter público.*
>
> *§ 5° Consumada a prescrição relativa à cobrança de débitos do consumidor, não serão fornecidas, pelos respectivos Sistemas de Proteção ao Crédito, quaisquer informações*

> *que possam impedir ou dificultar novo acesso ao crédito junto aos fornecedores.*

Ainda na década de 90, agora voltando à Europa, mais especificamente no ano de 1995, foi criada pelo Parlamento Europeu e o Conselho da União Europeia a Diretiva 95/46. A Diretiva, ao contrário do Regulamento, é um ato legislativo que estabelece diretrizes para todos os países da UE. Cada país pode estabelecer suas próprias leis acerca do tema.

A Diretiva 95/46 tem uma relevância que merece ser destacada, pois estabelece uma série de normas que serviram de base para a criação do General Data Protection Regulation (GDPR[61]), que é a legislação atual da União Europeia que será citada mais adiante.

Em seu texto a definição de proteção de dados é bem próxima das legislações atuais. Neste documento também aparecem princípios como finalidade para coleta de dados, direito de acesso de dados por parte do titular e a responsabilidade das empresas pela segurança da informação. Todos esses itens aparecem de maneira clara e inequívoca nas legislações atuais tanto do Brasil, como da Europa, e de outros países também como México e Argentina.

É também importante salientar que a Diretiva é o primeiro conjunto de normas que estabeleceu a necessidade de existirem órgãos que supervisionassem a adequação a essas regras, semelhante ao que são as Autoridades Nacionais nas legislações modernas.

Cabe também frisar que a Diretiva surge no mesmo momento em que a Internet começa a se popularizar em todo o mundo, com crescimentos exponenciais em sua utilização, que marca o início de grandes transformações, tanto comportamentais como de negócios.

---

[61] Em português, Regulamento Geral de Proteção de Dados (RGPD).

§ 2º Aquele que obtiver acesso às informações de que trata este artigo será responsabilizado por seu uso indevido.

§ 3º O consentimento referido no inciso II do § 1º não será exigido quando as informações forem necessárias:

I - à prevenção e diagnóstico médico, quando a pessoa estiver física ou legalmente incapaz, e para utilização única e exclusivamente para o tratamento médico;

II - à realização de estatísticas e pesquisas científicas de evidente interesse público ou geral, previstos em lei, sendo vedada a identificação da pessoa a que as informações se referirem;

III - ao cumprimento de ordem judicial;

IV - à defesa de direitos humanos; ou

V - à proteção do interesse público e geral preponderante.

§ 4º A restrição de acesso à informação relativa à vida privada, honra e imagem de pessoa não poderá ser invocada com o intuito de prejudicar processo de apuração de irregularidades em que o titular das informações estiver envolvido, bem como em ações voltadas para a recuperação de fatos históricos de maior relevância.

§ 5º Regulamento disporá sobre os procedimentos para tratamento de informação pessoal.

Já o Marco Civil da Internet (Lei nº 12.965 / 2014) é uma legislação que, embora trate de dados pessoais, não o faz com uma natureza protetiva. Porém, é importante observar as inúmeras regras que são estabelecidas e que a Lei Geral de Proteção de Dados, que é a lei brasileira que trata deste tema e falaremos mais adiante, aproveita em sua estrutura.

> *Art. 3º A disciplina do uso da internet no Brasil tem os seguintes princípios:*
>
> *II - proteção da privacidade;*
>
> *III - proteção dos dados pessoais, na forma da lei;*
>
> *Art. 7º O acesso à internet é essencial ao exercício da cidadania, e ao usuário são assegurados os seguintes direitos:*
>
> *I - inviolabilidade da intimidade e da vida privada, sua proteção e indenização pelo dano material ou moral decorrente de sua violação;*
>
> *II - inviolabilidade e sigilo do fluxo de suas comunicações pela internet, salvo por ordem judicial, na forma da lei;*
>
> *III - inviolabilidade e sigilo de suas comunicações privadas armazenadas, salvo por ordem judicial;*
>
> *VII - não fornecimento a terceiros de seus dados pessoais, inclusive registros de conexão, e de acesso a aplicações de internet, salvo mediante consentimento livre, expresso e informado ou nas hipóteses previstas em lei;*

> *VIII - informações claras e completas sobre coleta, uso, armazenamento, tratamento e proteção de seus dados pessoais, que somente poderão ser utilizados para finalidades que:*
>
> *a) justifiquem sua coleta;*
>
> *b) não sejam vedadas pela legislação; e*
>
> *c) estejam especificadas nos contratos de prestação de serviços ou em termos de uso de aplicações de internet;*
>
> *IX - consentimento expresso sobre coleta, uso, armazenamento e tratamento de dados pessoais, que deverá ocorrer de forma destacada das demais cláusulas contratuais;*
>
> *X - exclusão definitiva dos dados pessoais que tiver fornecido a determinada aplicação de internet, a seu requerimento, ao término da relação entre as partes, ressalvadas as hipóteses de guarda obrigatória de registros previstas nesta Lei;*

Resumindo, o Marco Civil da Internet começou a estabelecer inúmeras definições que fazem parte do cardápio atual da regulamentação de privacidade e proteção de dados. Ao definir a necessidade de tratamento de dados conforme sua finalidade inicial, garantir a confidencialidade na comunicação e no tratamento, e reunir conceitos como consentimento, transparência, proteção contra discriminação, comunicação em caso de vazamento de dados e necessidade da segurança da informação, o Marco Civil da Internet começa a pavimentar o caminho para que a Lei Geral de Proteção de Dados (LGPD) seja criada, acompanhando o movimento europeu, com a GDPR.

Em 2016, a GDPR (ou RGPD) é aprovada pela União Europeia e entra em vigor em maio de 2018. Esta é a legislação atual mais abrangente e rigorosa de privacidade e proteção de dados, compartilhada pelos países membros da União Europeia e pelos membros da área Econômica Européia (AEE). A GDPR, com certeza, foi a legislação que inspirou a LGPD brasileira.

Após cerca de 3 ou 4 anos de discussões, em agosto de 2018 é sancionada pelo Congresso Nacional a Lei 13.709, Lei Geral de Proteção de Dados, que estabelece diversas normas e conceitos de privacidade e proteção de dados. Após alguns adiamentos, a Lei está prevista para entrar em vigor a partir de agosto de 2020. Portanto, esse período de 2 anos, que teoricamente é para adaptação e preparação pra adequação é conhecido como *Vacatio Legio*.

Por que Leis de Privacidade e Proteção de Dados?

Uma situação que veremos a seguir, em que pode ser observado o risco que uma base de dados bem completa de determinada população pode representar caso acabe caindo em mãos erradas.

Conhecendo essa história, e entendendo a realidade atual, pode-se compreender o quanto é importante que Regulamentos de Privacidade e Proteção de Dados sejam implantados, e o porquê que o grande objetivo desses regulamentos é preservar a liberdade individual de cada pessoa.

Em 1941, a Holanda estava sob domínio alemão[62]. Os nazistas ordenaram que todas as pessoas que tivessem pelo menos um de seus avós judeu deveria fazer um registro. Neste formulário, havia perguntas bem específicas sobre a religião de cada um, incluindo cônjuges, pais e avós. Os dados dos formulários preenchidos foram comparados com os registros da população de Amsterdam, que a prefeitura possuía, e então puderam identificar todos os judeus que moravam nesta cidade.

[62] Artigo publicado on line no European Journal of Population em 23 de janeiro de 2017. https://www.ncbi.nlm.nih.gov/pmc/articles/PMC5493707/. Acesso em 17/11/2019.

Eles marcaram todos os cartões desses moradores com uma letra J e, a partir daí, sabiam onde todos eles moravam, ficando mais fácil persegui-los.

Muitos estudiosos acreditam que quase todos de origem judaica responderam a esse questionário. Dois motivos aparentemente justificam essa hipótese: primeiro, porque os judeus eram conhecidos em suas redes sociais como judeus ou descendentes de judeus. O outro motivo que justificaria uma recusa em preencher esse formulário é que era muito comum fornecer informação sobre religião para as administrações municipais, e que eram informadas nos censos realizados a cada dez anos, já desde aquela época.

Com essa ação, os nazistas passaram a ter acesso a informações como nome, data e local de nascimento, estado civil, endereço, religião, filiação e ocupação de todos os judeus residentes em Amsterdam o que facilitou suas ações.

É claro que não podemos atribuir à perseguição e assassinato em massa de judeus holandeses na segunda guerra mundial à existência de bases de dados (coletadas com outros propósitos), mas que isso foi de grande utilidade para os nazistas, não resta qualquer dúvida.

Por outro lado, não é por conta desta trágica história que não sejam legítimas ações de governos em querer conhecer em detalhes as características de sua população, pois isto é muito importante para a determinação e implantação de políticas públicas. O que cabe levantar a discussão, e remetendo aos tempos atuais, é a importância de ter muita atenção e cuidado extremo ao se montar uma base de dados, especialmente se esta é tão rica em informações.

Diversas técnicas podem ser utilizadas para minimizar esses riscos. Quando pensamos em coleta de dados para censo demográfico, a anonimização dos dados coletados já resolveria esse problema, pois as informações não estariam associadas aos indivíduos e a informação sobre o perfil da população não deixaria de existir.

Avanço desenfreado da tecnologia

Nos dias de hoje, é quase impossível não depararmos com situações em que nos são solicitados nossos dados pessoais. Seja numa farmácia, loja, supermercado, banco, enfim, em quase todos os lugares em que algum tipo de produto é vendido ou serviço é prestado. Sem falar na Internet, onde é quase impossível navegar sem expor algum dado, mesmo que de forma involuntária.

Seja por razões de oferecer algum benefício em troca de seus dados, como por exemplo, um desconto em uma farmácia, seja para oferecer um aplicativo "gratuito" para ser usado em um telefone celular (smartphone) o fato é que estamos sendo sempre solicitados a fornecer nossos dados pessoais. O primeiro problema é que normalmente não temos a menor ideia do quão seguro esses dados estarão e, muitas dessas vezes, não sabemos o que será feito deles.

A primeira consequência dessa constante "tentação" em ceder nossos dados, pode ser ilustrada na história a seguir[63], fictícia, mas não distante da realidade que nos cerca:

– Pizzaria Google, boa noite!?

– De onde falam?

– Pizzaria Google, senhor. Qual é o seu pedido?

– Mas este telefone não era da Pizzaria do...

– Sim senhor, mas a Google comprou a Pizzaria e agora sua pizza é mais completa.

– OK. Você pode anotar o meu pedido, por favor?

– Pois não. O Senhor vai querer a de sempre?

– A de sempre? Você me conhece?

– Temos um identificador de chamadas em nosso banco de dados, senhor. Pelo que temos registrado aqui, nas últimas 53 vezes que ligou, o senhor pediu meia quatro queijos e meia calabresa.

[63] Texto extraído de grupos de WhatsApp, de autor desconhecido.

– Puxa, eu nem tinha notado! Vou querer esta mesmo...

– Senhor, posso dar uma sugestão?

– Claro que sim. Tem alguma pizza nova no cardápio?

– Não, senhor. Nosso cardápio é bem completo, mas eu gostaria de sugerir-lhe meia ricota, meia rúcula.

– Ricota??? Rúcula??? Você ficou louco? Eu odeio estas coisas.

– Mas, senhor, faz bem para a sua saúde. Além disso, seu colesterol não anda bom...

– Como você sabe?

– Nossa Pizzaria tem o banco de dados mais completo do planeta. Nós temos o banco de dados do laboratório em que o senhor faz exames também. Cruzamos seu número de telefone com seu nome e temos o resultado dos seus exames de colesterol. Achamos que uma pizza de rúcula e ricota seria melhor para sua saúde.

– Eu não quero pizza de queijo sem gosto e nem pizza de salada. Por isso tomo meu remédio para colesterol e como o que eu quiser...

– Senhor me desculpe, mas acho que o senhor não tem tomado seu remédio ultimamente.

– Como sabe? Vocês estão me vigiando o tempo todo?

– Temos o banco de dados das farmácias da cidade. A última vez que o senhor comprou seu remédio para Colesterol faz 3 meses. A caixa tem 30 comprimidos.

– Porra! É verdade. Como vocês sabem disto?

– Pelo seu cartão de crédito...

– Como?!?!?

– O senhor tem o hábito de comprar remédios em uma farmácia que lhe dá desconto se pagar com cartão de crédito da loja. E ainda parcela em 3 vezes sem acréscimo... Nós temos o banco de dados de gastos com cartão na farmácia. Há dois meses o senhor não compra nada lá, mas continua usando seu cartão de crédito em outras lojas, o que significa que não o perdeu, apenas deixou de comprar remédios.

– E eu não posso ter pagado em Dinheiro? Agora te peguei...

– O senhor não deve ter pagado em dinheiro, pois faz saques semanais de R$ 250,00 para sua empregada doméstica. Não sobra dinheiro para comprar remédios. O restante o senhor paga com cartão de débito.

– Como você sabe que eu tenho empregada e quanto ela ganha?

– O senhor paga o INSS dela mensalmente com um DARF. Pelo valor do recolhimento dá para concluir que ela ganha R$ 1.000,00 por mês. Nós temos o banco de dados dos Bancos também. E pelo seu CPF...

– ORA VÁ SE DANAR!

– Sim senhor, me desculpe, mas está tudo em minha tela. Tenho o dever de ajudá-lo. Acho, inclusive, que o senhor deveria remarcar a consulta que o senhor faltou com seu médico, levar os exames que fez no mês passado e pedir uma nova receita do remédio.

– Por que você não vai à m....???

– Desculpe-me novamente, senhor.

– ESTOU FARTO DESTAS DESCULPAS. ESTOU FARTO DA INTERNET, DE COMPUTADORES, DO SÉCULO XXI, DA FALTA DE PRIVACIDADE, DOS BANCOS DE DADOS E ESTE PAÍS...

– Mas senhor...

– CALE-SE! VOU ME MUDAR DESTE PAÍS PARA BEM LONGE. VOU PARA AS ILHAS FIJI OU ALGUM LUGAR QUE NÃO TENHA INTERNET, TELEFONE, COMPUTADORES E GENTE ME VIGIANDO O TEMPO TODO...

– Sim, senhor...entendo perfeitamente.

– É ISTO MESMO! VOU ARRUMAR MINHAS MALAS AGORA E AMANHÃ MESMO VOU SUMIR DESTA CIDADE.

– Entendo...

– VOU USAR MEU CARTÃO DE CRÉDITO PELA ÚLTIMA VEZ E COMPRAR UMA PASSAGEM SÓ DE IDA PARA ALGUM LUGAR BEM LONGE DE VOCÊ !!!

– Perfeitamente...

– E QUERO QUE VOCÊ ME ESQUEÇA!

– Farei isto senhor... ...(silêncio de 1 minuto)

– O senhor está aí ainda?

– SIM, POR QUÊ? ESTOU PLANEJANDO MINHA VIAGEM... E PODE CANCELAR MINHA PIZZA.

– Perfeitamente. Está cancelada. ...(mais um minuto de silêncio) – Só mais uma coisa, senhor...

– O QUE É AGORA?

– Devo lhe informar uma coisa importante...

– FALE!

– O seu passaporte está vencido.

Como pudemos ver, essa situação não é uma realidade tão distante, mas é inegável que nossa privacidade é cada vez mais invadida. Por isso é muito importante que as pessoas tenham essa consciência ao ceder informações pessoais. A facilidade de acesso a tecnologias das mais diversas contribui para esse cenário.

A busca por dados pessoais por parte de diversas organizações tem sido incessante e constituem, muitas vezes, em seus alicerces para sustentar estratégias comerciais. Em paralelo a essa realidade, não param de surgir informações sobre vazamento de dados em todo o mundo. Esses vazamentos se dão por ataques aos sistemas corporativos das organizações, explorando falhas em sua segurança, ou direcionados à base de dados de redes sociais, que acumulam milhões de informações de seus usuários. E, principalmente na Europa e nos Estados Unidos, já são aplicadas multas milionárias a diversas empresas que sofreram esses ataques, por serem as responsáveis por zelar pela segurança dos dados que armazenam.

Em artigo publicado na Internet[64], Eduardo Tardelli coloca de forma bem objetiva o grande impacto que a LGPD terá nas empresas que atuam no Brasil:

---

[64] https://canaltech.com.br/redes-sociais/a-coleta-de-informacoes-pessoais-nas-redes-sociais-e-os--limites-da-privacidade/. Acesso em 21/11/2019.

> *"Quando se entra no cunho da Lei Geral de Proteção de Dados, que estará em vigor a partir de agosto do ano que vem, vale lembrar que as organizações serão responsabilizadas por qualquer vazamento, independentemente do método de coleta. É um desafio para a gestão se modificar em relação ao armazenamento dessas informações, em vista que é uma nova prática a se adotar. A privacidade quanto ao uso de dados agora é muito mais rígida e delimitada por lei, sem grandes margens a interpretações."*

Apenas a título de ilustração, a revista Época publicou uma reportagem em dezembro de 2018[65], em que mostra um ranking com os 21 maiores casos de violação de dados no mundo, listados na tabela abaixo:

Organização	Segmento	Quantidade de Usuários Afetados
Aadhar (Índia)	Governo	1,1 bilhão
Marriott Starwood	Hotéis	500 milhões
Exactis	Gestão de Dados	340 milhões
MyFitnessPal	App para atividades físicas	150 milhões
Quora	Fórum de Discussão	100 milhões
MyHeritage	Aluguel de Livros	92 milhões
Cambridge Analytica	Consultoria	87 milhões
Google+	Rede Social	52,5 milhões
Chegg	Aluguel de Livros	40 milhões
Facebook	Rede Social	29 milhões
Ticketfly	Venda de Ingressos	27 milhões
Timehop	App de fotos	21 milhões
Careem	App de transporte	14 milhões
Cathay Pacific Airways	Companhia Aérea	9,4 milhões

[65] https://epocanegocios.globo.com/Empresa/noticia/2018/12/os-21-maiores-casos-de-violacao--de-dados-de-2018.html. Acesso em 21/11/2019.

SheIn.com	Moda feminina	6,4 milhões
Saks e Lord & Taylor	Loja de Departamentos	5 milhões
myPersonality	App de rede social	4 milhões
T-Mobile	Telefonia móvel	2 milhões
SingHealth	Rede de assistência médica	1,5 milhão
Orbitz	Buscador de passagens aéreas	880 mil
British Airways	Companhia Aérea	380 mil

Dois pontos que chamam atenção neste ranking é que os ramos de atividade são bem diversificados e a atuação de algumas empresas é totalmente on-line enquanto de outras não. Ou seja, apesar da Internet e da incrível popularização das redes sociais, os vazamentos de dados não se restringem a esse tipo de operação.

O outro ponto que chama bastante atenção é que, embora a reportagem não faça referência à aplicação ou não de penalidades, sabe-se que, nos casos em que foram aplicadas, a quantidade de usuários afetados não é primordial para determinar o tamanho da multa. Mais importante é avaliar o quanto de responsabilidade por falha de gestão a organização teve. Como exemplo, a British Airways, a 21ª deste ranking sofreu uma das maiores penalidades dentre todas as ranqueadas.

Objetivos da LGPD

A Lei Geral de Proteção de Dados – LGPD – surge diante do contexto de que a grande quantidade de dados acumulados, fruto das tecnologias existentes, e sua utilização em larga escala precisam obedecer a critérios que não extrapolem a privacidade das pessoas, de forma a não comprometer a liberdade individual de cada um.

A advogada Gisele Truzzi, em artigo publicado na revista Isto é[66], afirma que uma lei federal sobre privacidade e proteção de dados é muito importante uma vez que uniformiza todos os setores da economia, tanto on-line como off-line,

[66] https://www.istoedinheiro.com.br/a-nova-lei-geral-de-protecao-de-dados-lgpd-foi-aprovada-o--que-isso-muda/. Acesso em 23/11/2019.

criando regras e limites específicos para entes públicos e privados.

Ainda neste mesmo artigo, a advogada informa que antes da LGPD já existiam no ordenamento jurídico brasileiro mais de 30 normas setoriais sobre privacidade, que serviam apenas como regulamentação específica de cada mercado, o que na prática não era suficiente para impedir diversos abusos por parte das instituições, que compartilhavam ou comercializavam informações, sem que os titulares dos dados (conceito trazido de forma explícita pela LGPD) pudessem ter qualquer tipo de controle de como seus dados estavam sendo tratados.

Com a LGPD, ficam estabelecidas as condições em que se pode coletar dados, processar, compartilhar e a transparência de todas as atividades de processamento de dados é norteadora de todas as atividades.

Conhecendo a Lei Geral de Proteção de Dados - LGPD

Definição

A Lei Geral de Proteção de Dados pessoais - lei 13.709/18 – disciplina a relação de proteção de dados pessoais (Pessoas Físicas), tratados por Pessoas Jurídicas, Públicas ou Privadas, com o objetivo de proteger os direitos fundamentais de liberdade e privacidade do cidadão.

Principais Tópicos

- Conceitua dado pessoal, dado sensível e dado anonimizado;
- Responsabiliza qualquer empresa ou órgão público que infrinja a lei;
- Contém regras específicas para tratar dados sensíveis, dados de crianças e adolescentes, e, ainda, transferência internacional de dados;
- Contempla todo tratamento de dados pessoais em "meios digitais" ou não;

- Necessidade de ter consentimento para processar dados pessoais, ou outra base legal;
- As atividades de tratamento de dados devem ser registradas em relatório;
- A lei também trata da necessidade de elaboração de relatório de avaliação de impacto à proteção de dados (RIPDP);
- O titular pode retirar seu consentimento, pedir a exclusão ou a portabilidade dos seus dados pessoais;
- Cria-se a Autoridade Nacional de Proteção de Dados, uma autarquia vinculada à Presidência, com a finalidade de editar normas e fiscalizar procedimentos sobre proteção de dados pessoais[67].
- Dever de notificar uma violação de dados.

Definição de Dados Pessoais

- Dado pessoal: informação relacionada à pessoa natural identificada ou identificável;
- Dado pessoal sensível: dado pessoal sobre origem racial ou étnica, convicção religiosa, opinião política, filiação a sindicato ou a organização de caráter religioso, filosófico ou político, dado referente à saúde ou à vida sexual, dado genético ou biométrico, quando vinculado a uma pessoa natural;

Dado anonimizado: dado relativo a titular que não possa ser identificado, considerando a utilização de meios técnicos razoáveis e disponíveis na ocasião de seu tratamento.

Obs.: Quando o dado anonimizado pode ser revertido, ele ainda é considerado dado pessoal.

Uma definição fundamental para o entendimento da LGPD é que o titular dos dados é sempre o dono dos dados, mudando uma percepção de que as orga-

67 Agência Senado. https://www12.senado.leg.br/noticias/materias/2019/07/09/lei-que-cria-autoridade-nacional-de-protecao-de-dados-e-sancionada-com-vetos. Acesso em 23/11/2019.

nizações que coletam e processam os dados é que são seus proprietários.

O que é Tratamento de Dados Pessoais?

Tratamento (art. 5º, X da LGPD)[68]: toda operação realizada com dados pessoais, como as que se referem a coleta, produção, recepção, classificação, utilização, acesso, reprodução, transmissão, distribuição, processamento, arquivamento, armazenamento, eliminação, avaliação ou controle da informação, modificação, comunicação, transferência, difusão ou extração.

A Estrutura da Lei

A LGPD estabelece uma série de conceituações e define critérios para o processamento de dados pessoais.

Bases Legais para Tratamento de Dados	Consentimento, obrigações legais, execução de contrato etc.
Princípios	Finalidade, Adequação, Necessidade etc.
Direitos do Titular dos Dados	Informação, acesso aos dados, correção, exclusão etc.
Transferência Internacional	Adequação, garantias etc.
Agentes de Tratamento	Controlador, Operador e Encarregado
Segurança e Boas Práticas	Privacy by Design, by default, notificação de incidentes, governança corporativa
Sanções	Advertência, Multa, Publicização da Infração etc.

Detalhando os Princípios da LGPD

1. <u>Finalidade</u>: realização do tratamento para propósitos legítimos, específicos, explícitos e informados ao titular, sem possibilidade de tratamento posterior de forma incompatível com essas finalidades;

Ex: Um site de notícias tem uma relação de leitores cadastrados para ter acesso

[68] Lei Geral de Proteção de Dados Pessoais (LGPD). Lei 13709/2018 http://www.planalto.gov.br/ccivil_03/_ato2015-2018/2018/lei/L13709.htm Acesso em 23/11/2019.

a um conteúdo exclusivo. Daí essa mesma empresa lança um site para vender viagens. Não pode usar essa base de dados para enviar e-mail divulgando o site de viagens.

1. Adequação: compatibilidade do tratamento com as finalidades informadas ao titular, de acordo com o contexto do tratamento;

Ex: o canal de comunicação que o usuário consentiu para ser contatado tem que ser respeitado sempre. Se o titular dos dados informa que quer ser comunicado por mensagens pelo celular, não posso enviar e-mail para ele.

1. Necessidade: limitação do tratamento ao mínimo necessário para a realização de suas finalidades, com abrangência dos dados pertinentes, proporcionais e não excessivos em relação às finalidades do tratamento de dados;

Ex: se a sua intenção é de fazer um telemarketing, não há porque pedir o e-mail do titular, se o número do telefone é o que você precisa.

1. Livre acesso: garantia, aos titulares, de consulta facilitada e gratuita sobre a forma e a duração do tratamento, bem como sobre a integralidade de seus dados pessoais;

Ex: Uma pessoa se cadastra em um site, em troca de acesso ao seu conteúdo. A qualquer momento ele pode solicitar o acesso aos seus dados, para saber se estão íntegros, e também como e por quanto tempo seus dados serão processados.

1. Qualidade dos dados: garantia, aos titulares, de exatidão, clareza, relevância e atualização dos dados, de acordo com a necessidade e para o cumprimento da finalidade de seu tratamento;

Ex: a qualquer momento o cliente pode solicitar atualização ou retificação de seus dados.

1. Transparência: garantia, aos titulares, de informações claras, precisas e facilmente acessíveis sobre a realização do tratamento e os respectivos agentes de tratamento, observados os segredos comercial e industrial;

Ex: Cliente de uma empresa recebe e-mail com determinada promoção. Ele pode questionar o motivo e o critério usado para ser selecionado para receber esta oferta.

1. Segurança: utilização de medidas técnicas e administrativas aptas a proteger os dados pessoais de acessos não autorizados e de situações acidentais ou ilícitas de destruição, perda, alteração, comunicação ou difusão;

Ex: Um site de e-commerce pede os dados do cartão de crédito de seu cliente. Ele tem o dever por zelar pela segurança dessas informações, lançando mão das mais variadas ferramentas de segurança.

1. Prevenção: adoção de medidas para prevenir a ocorrência de danos em virtude do tratamento de dados pessoais;

Ex: Qualquer dado pessoal que a empresa tem de seu cliente tem que ser devidamente protegido, pois em caso de vazamento a empresa poderá ser punida pelo uso indevido dessas informações.

1. Não Discriminação: impossibilidade de realização do tratamento para fins discriminatórios ilícitos ou abusivos;

Ex: Uma empresa altera o preço de venda de seu produto em função de identificar que alguns clientes moram em áreas consideradas perigosas.

1. Responsabilização e prestação de contas: demonstração, pelo agente, da adoção de medidas eficazes e capazes de comprovar a observância e o

cumprimento das normas de proteção de dados pessoais e, inclusive, da eficácia dessas medidas.

Ex: Toda organização deve possuir a documentação que comprove que o tratamento de dados está sendo realizado de forma regular, em concordância com a lei.

Direitos dos Titulares de Dados

De acordo com a LGPD (Art. 5º, V), titular é a pessoa natural a quem se referem os dados pessoais que são o objeto de tratamento.

Aos Titulares dos Dados são garantidos os seguintes direitos:

- Confirmação da existência de tratamento;
- Acesso aos dados;
- Correção de dados incompletos, inexatos ou desatualizados;
- Anonimização, bloqueio ou eliminação de dados desnecessários, excessivos ou tratados em desconformidade com o disposto na Lei;
- Portabilidade dos dados a outro fornecedor de serviço ou produto, mediante requisição expressa, de acordo com a regulamentação da autoridade nacional, observados os segredos comercial e industrial;
- Eliminação dos dados pessoais tratados com o consentimento do titular, exceto nas hipóteses previstas no art. 16 desta Lei;
- Informação das entidades públicas e privadas com as quais o controlador realizou uso compartilhado de dados;
- Informação sobre a possibilidade de não fornecer consentimento e sobre as consequências da negativa;
- Revogação do consentimento, nos termos do § 5º do art. 8º desta Lei.

Agentes de Tratamento e Encarregado de Dados Pessoais

A LGPD também estabelece figuras importantes no âmbito do tratamento dos dados: controlador, operador e encarregado.

Essas são as competências definidas no Art. 5º da LGPD:

- Controlador - compete à tomada de decisões referentes ao tratamento de dados,
- Operador - que realiza o tratamento de dados pessoais em nome do controlador;
- Encarregado - indicado pelo controlador e operador para atuar como canal de comunicação entre o controlador, os titulares dos dados e a Autoridade Nacional de Proteção de Dados (ANPD).

Vale lembrar que ao Controlador e ao Operador recai responsabilidade objetiva pela atividade de tratamento de dados.

Requisitos para o Tratamento de Dados

O art. 7° da LGPD trata dos requisitos em que o tratamento de dados poderá ser realizado:

Requisito	Exemplo
I. Consentimento	• Aviso de cookie em sites.
II. Cumprimento de obrigação legal ou regulatória	• Empresas de telefonia que guardam dados de I.P, que podem identificar um usuário, para fins de cumprimento da legislação. • Preservação de prontuários Médicos.

III. Interesse da Adm. Pública	• Execução de políticas públicas previstas em leis, regulamentos ou respaldadas em contratos ou convênios congêneres.
IV. Estudos por Órgão de Pesquisa	• Podem realizar tratamento de dados para estudos. No entanto, é importante ressaltar que, em primeiro lugar, essas instituições devem buscar anonimizar essas informações.
V. Tratamento para Execução de Contrato	• Quando a pessoa vai pedir um empréstimo e a organização precisa dos dados desse indivíduo para fazer uma avaliação de crédito.
VI. Exercício regular de direito em processos	• Em processos judiciais as instituições muitas vezes precisam lidar com dados pessoais de terceiros, seja para qualificar uma pessoa, seja para indicar bens de um devedor, e a LGPD já prevê essa hipótese.
VII. Proteção da vida ou da incolumidade física	• Uma pessoa passa mal e precisa ser internada às pressas. Será necessário manipular seus dados para dar entrada no hospital, contatar seus parentes, etc.

VIII. Tutela da Saúde	• Tratamentos realizados por profissionais da área da saúde ou entidades sanitárias, como em pesquisas para combate de epidemia de doenças como a dengue, estudos e levantamentos sobre questões de saúde.
IX. Atender aos interesses legítimos do controlador ou de terceiro	• Quando um correntista de um banco faz uma transferência para outro banco. Imagina se a cada transferência o Banco tivesse que pegar um consentimento do seu correntista?
X. Proteção de Crédito	• Envio de informações de um devedor para o Serasa ou cartórios de protesto de título.

Privacidade e Redes Sociais

Conforme citado anteriormente neste artigo, o debate sobre privacidade e proteção de dados não é tão recente. Artigo publicado no jornal O Estado de São Paulo[69], no ano de 2011, traz uma abordagem muito interessante e que se mostra incrivelmente em consonância com a LGPD, sancionada sete anos depois.

Neste artigo, a autora, Carolina Marcelino, mostra que um consumidor ao preencher um cadastro para uma determinada empresa, confia diversas informações pessoais, como nome, telefone, endereço, renda, e-mail entre outras e em muitos casos não faz a menor ideia do que será feito com essas informações. Muitas vezes, são vendidas para outras empresas, sem que o consumidor tenha sido avisado previamente, ou seja, sem ter o consentimento. Inclusive, existem

[69] MARCELINO, Carolina. Disponível em: http://www.estadao.com.br/blogs/jtseu-bolso/2011/02/05/empresas-vendem-dados-do-consumidor-na-internet/ Acesso em: 23/11/2019.

diversas empresas no mercado brasileiro cujo negócio é montar listas de dados de pessoas físicas, ou até jurídicas e vendê-las para empresas que as utilizam como ferramenta para suas estratégias de marketing.

Por se tratar de clara invasão de privacidade, contrariando o artigo 5º da Constituição Federal, que afirma são invioláveis a intimidade, a vida privada, a honra e a imagem das pessoas, assegurado o direito à indenização pelo dano material ou moral decorrente de sua violação, essa questão já não era permitida bem antes da existência da LGPD.

Inúmeros são os exemplos de utilização indevida de dados sem o conhecimento e consentimento de seus titulares ao longo dos anos. Como também já citado, esse tipo de ação passou a ser mais frequente com a maior facilidade de acesso a ferramentas de gestão de bancos de dados. Situações como a de pessoas que compram imóveis e pouco tempo depois começam a receber ofertas de lojas de móveis ou eletrodomésticos acabam sendo relativamente comuns.

A utilização indevida pode acontecer devido à comercialização do banco de dados ou de vazamento. No primeiro caso, a comercialização só não é considerada ilegal se o titular dos dados foi informado claramente do objetivo desta coleta e ele concordou. No segundo caso, quando ocorrem vazamentos, a responsabilidade da organização recai por conta de falhas na sua segurança, que podem se dar de inúmeras formas, mas não detalharemos nesse artigo.

Apenas para ilustrar dois casos, um de vazamento e outro de comercialização indevida, bancos de dados de órgão públicos como INSS e Receita Federal já foram inúmeras vezes vazados e vendidos de forma totalmente ilegal. O segundo caso, temos como exemplo, uma operadora de telefonia que capturou as informações de navegação na Internet (obtidas através de cookies) de seus clientes de banda larga, e as revendeu para uma empresa que comercializava publicidade on-line. Esta ação foi feita sem que os clientes soubessem do que estava acontecendo.

Consciência no uso de rede social

Ao abordarmos o tema privacidade, não há como deixar de lado a questão das redes sociais. A facilidade de "estar conectado", proporcionada por telefones móveis (smartphones), ou mesmo computadores, proporcionou esse crescimento exponencial.

A primeira observação a se fazer é que, ao contrário de outras situações colocadas neste texto, normalmente a exposição de informações pessoais é feita por iniciativa do titular. Ou seja, a própria pessoa retira sua privacidade ao se expor nesse tipo de mídia. As consequências podem ser as mais variadas e suscitam intermináveis debates de se terceiros podem se aproveitar desta exposição para tirar algum benefício.

Uma situação bem interessante para ilustrar as dúvidas que rodeiam este tema é a colocada em artigo publicado por Martorell LB, Nascimento WF, Garrafa V.[70]. Neste artigo, os autores fizeram uma pesquisa com o objetivo de estudar a exposição de imagens de pacientes promovida por médicos e cirurgiões dentistas no Facebook. Nessas imagens, eles identificaram quebra da privacidade dos pacientes. Além das questões legais que essa atitude envolvia, mesmo antes do início da vigência da LGPD (a pesquisa foi realizada em 2013), há ainda a questão da ética médica, que envolve a questão da confidencialidade, conforme artigo "Sigilo profissional e valores éticos"[71]. Pode-se afirmar que sigilo é parte da vida dos médicos desde o século V a.C., com o juramento de Hipócrates: "Tudo quanto veja ou ouça, profissional ou privadamente, que se refira à intimidade humana e não deva ser divulgado, eu manterei em segredo e contarei a ninguém." Muito atual, não?

Ainda nessa pesquisa, o que os autores mostram é que nas diversas formas de

---

[70] https://repositorio.unb.br/handle/10482/24074?mode=full . Acesso em 24/11/2019.

[71] Sales-Peres SHC, Sales-Peres A, Fantini AM, Freitas FDR, Oliveira MA, Silva OP, et al. Sigilo profissional e valores éticos. RFO. 2008; 13(1):7-13.

divulgar seus trabalhos nas redes sociais, notadamente, neste caso, no *Facebook*, os médicos acabam não tendo o cuidado suficiente para não expor seus pacientes. Em alguns casos, o próprio médico que publica a imagem, nos comentários fala o nome do paciente. Em outro caso, é divulgada uma imagem de raio X, que normalmente tem o nome do paciente. Estamos diante de uma situação farta em motivos para discussões e, até mesmo, briga judicial por parte de quem se sentir prejudicado.

As redes sociais, especialmente *Facebook* e *Instagram*, contam com mecanismos que permitem que o próprio usuário controle o nível de privacidade que ele deseja. Pode-se limitar a visualização de suas publicações a pessoas conhecidas. Isso reforça a importância da conscientização das pessoas ao utilizarem as redes sociais. É importante que esteja bem claro para o usuário qual seu objetivo na rede e que riscos ele deseja tomar para si, de acordo com o grau de exposição desejado.

Sabemos que, mesmo que seja configurada a utilização com bastante privacidade, de uma situação não se escapa: a de que os dados que estão na rede serão utilizados pelos proprietários da rede social. A moderna técnica de gestão de grandes bases de dados (big data), em que se desenvolvem algoritmos para, por exemplo, entender o comportamento de determinada pessoa, é utilizada em larga escala, principalmente com objetivos mercadológicos, seja oferecendo uma publicidade mais direcionada ao perfil das pessoas, como também conseguindo prever em quem a pessoa vai votar numa eleição.

Danilo Doneda[72] afirma que a simples análise do tipo de conteúdo que uma pessoa decide expor nas redes sociais, já diz muito sobre ela: "A privacidade é componente essencial da formação da pessoa. A sutil definição do que é exposto ou não sobre alguém, do que se quer tornar público ou o que se quer esconder, ou a quem se deseja revelar algo, mais do que meramente uma preferência ou

---

[72] https://ambitojuridico.com.br/cadernos/direito-civil/privacidade-vida-privada-e-intimidade-no--ordenamento-juridico-brasileiro-da-emergencia-de-uma-revisao-conceitual-e-da-tutela-de-dados--pessoais/ . Acesso em 24/11/2019.

capricho, define propriamente o que é um indivíduo – quais suas fronteiras com os demais, qual seu grau de interação e comunicação com seus conhecidos, seus familiares e todos os demais."

O desafio das novas tecnologias frente à questão da privacidade.

Em matéria publicada no site indiano BGR.in[73], um curioso e assustador tema foi abordado: o desenvolvimento da neuroengenharia, que analisa comportamentos e até imagens de cérebros poderia chegar ao ponto em que fosse possível que hackers acessassem o cérebro humano para roubar dados. Esta seria a última fronteira da privacidade.

A tecnologia que poderia vir a permitir que "mentes fossem lidas", também traria o risco de invasão à privacidade dessas mentes e, em função disso, é sugerido que sejam criadas leis como Direito à Liberdade Cognitiva, Direito à Privacidade Mental, Direito à Integridade Mental e Direito à Continuidade Psicológica.

Marcello Lenca, um Doutorando da Universidade de Basel, Suíça, afirma que *"A mente é considerada o último refúgio de liberdade e autodeterminação pessoal, mas os avanços na engenharia neural, na imagem cerebral e na neurotecnologia colocam em risco a liberdade da mente"*[74].

O que ocorre, atualmente, em termos tecnológicos, é que há uma sofisticada tecnologia capaz de capturar imagens cerebrais de alta qualidade e também já é possível desenvolver interfaces entre o cérebro e o computador. Com isso, a matéria afirma que essa tecnologia tornaria crível a possibilidade de deixar de ser um recurso essencialmente médico para se tornar uma atividade mercadológica. Da mesma forma como esses avanços podem ser benéficos, notadamente podem ser

[73] https://www.bgr.in/news/hackers-could-steal-delete-data-from-human-brains-study-458283/. Acesso em 22/11/2019.

[74] Livre tradução.

extremamente invasivos à privacidade das pessoas, de forma jamais vista.

O pesquisador Robert Adorno afirma que *"A tecnologia de imagem cerebral já chegou a um ponto em que há discussão sobre sua legitimidade no tribunal criminal, por exemplo, como uma ferramenta para avaliar a responsabilidade criminal ou mesmo o risco de reincidência"*[75]. De forma bem assustadora, essa afirmação nos remete ao filme Minority Report, cuja história é a de uma sociedade, no futuro 2054, em que todos os crimes são previstos com precisão e, dessa forma, os assassinatos deixam de existir. Esse filme é de ficção científica, lançado em 2002. E fica a inevitável pergunta: Quão distantes estamos dessa ficção?

O mesmo pesquisador afirma que empresas de bens de consumo já se utilizam de tecnologia de neuromarketing para entender o comportamento dos consumidores e conseguirem ter a resposta desejada de seus clientes. Ele também fala da existência de ferramenta similar a um "decodificador de cérebro" que consegue transformar dados da imagem de um cérebro em imagens, texto ou som. Em sua conclusão na matéria, o pesquisador afirma que *"À medida que a neurotecnologia melhora e se torna comum, existe o risco de a tecnologia ser invadida, permitindo que terceiros 'escutem' a mente de alguém"*[76].

Conclusão

Como muitos afirmam, a velocidade das transformações de comportamento de nossa sociedade tem aumentado substancialmente nas últimas décadas. É inegável que isso tem tudo a ver com a revolução tecnológica iniciada no século passado, em particular com o rápido avanço da microinformática, seguido do advento da Internet e todas as suas consequências.

As legislações, de um modo geral, procuram captar e se adaptar a essas trans-

[75] Livre tradução.

[76] Livre tradução.

formações, pois precisam considerar essas mudanças, e não podem ignorar a introdução das novas tecnologias. Isso explica o surgimento de legislações específicas para a privacidade e proteção de dados pessoais, embora a temática não seja nova, nem as discussões não venham de longa data.

Fruto da consequência das alterações provocadas pela alta conectividade proporcionada pelo avanço tecnológico, as redes sociais transformaram num dos maiores propulsores de mudança comportamental, pois a exposição da vida pessoal passou a ser fácil para todos e não apenas para pessoas comuns. Qualquer pessoa hoje pode ter a sua própria mídia (um canal de tv, no YouTube, um blog ou um site, um podcast ou uma página no Facebook ou Instagram, como exemplos) e expor sua vida para milhares ou até mesmo milhões de pessoas. Daí começa um interessante contraponto entre essa superexposição e a preocupação com a privacidade.

O que parece ficar disso tudo é que essas forças antagônicas estão cada uma em seu extremo e, possivelmente, em algum momento esse equilíbrio possa começar a ficar mais visível. Talvez, observando o caso específico do Brasil, em que de um modo geral as pessoas não têm uma cultura de preocupação com a privacidade de seus dados, a entrada em vigor de uma lei específica, que impõe uma série de condições para a coleta e tratamento de dados, como a LGPD, pode ser um indutor do início dessa mudança comportamental, chamando a atenção das pessoas para a importância de proteger seus dados e o risco de expô-los sem muito critério.

Referências

Assis e Mendes Advogados, Histórico das leis de proteção de dados e da privacidade na internet, disponível em <https://bytesjuridicos.com.br/historico-protecao--de-dados/> Acesso em 09/11/2019.

Rodrigo Alves e Rodrigo Santos, Adapt Now, Curso Oficial Exin – Fundamentos de Privacidade e Proteção de Dados (Privacy & Data Protection Foundation), 2019

Alan Calder, EU GDPR A Pocket Guide, IT Governance Publishing, 2016.

EXIN Privacy & Data Protection Foundation – Privacidade, Dados Pessoais e GDPR – White Paper – Leo Besemer

WARREN, Samuel D.; BRANDEIS, Louis, D. Right to privacy. Harvard Law Review, v.IV, n.5, 1890. Disponível em: https://www.cs.cornell.edu/~shmat/courses/cs5436/warren-brandeis.pdf Acesso em: 12 de novembro 2019.

http://www.eventos.momentoeditorial.com.br/wp-content/uploads/2018/12/Mauricio-Protiviti.pdf Acesso em: 23 de novembro 2019

MARCELINO, Carolina. Disponível em: http://www.estadao.com.br/blogs/jtseu-bolso/2011/02/05/empresas-vendem-dados-do-consumidor-na-internet/ . Acesso em: 23 de novembro 2019.

Inteligência Artificial e Redes Sociais

Prof^a. Karla Tereza Figueiredo Leite

A tecnologia proporcionou a disseminação da informação, que está no cerne da revolução, pela qual atualmente a sociedade passa. Não há qualquer dúvida que a Internet é a responsável pelo encurtamento das distâncias no tempo e no espaço para a informação. Hoje é difícil imaginar alguém sem acesso a computadores ou smartphones.

Assim, a sociedade de forma geral está vivendo um momento único, e sem volta, principalmente por conta da alta tecnologia que a está atingindo. Certamente, há diferentes graus de intensidade de interação entre usuários e tecnologias: alguns estão vivendo esse momento com grande proximidade, porque trabalham com tecnologia diretamente, por exemplo. É claro que como sociedade, já se atravessou outros momentos emblemáticos do ponto de vista da tecnologia. No entanto, deve incluir na equação da atual revolução tecnológica a comunicação. Este tem sido um ingrediente fundamental, pois permite que a informação, matéria-prima da comunicação, intensifique o processo crescente do avanço tecnológico, que se iniciou marcadamente após a segunda grande guerra.

Segundo a pesquisa feita pela agência We Are Social[1], em janeiro de 2019, 149,1 milhões de pessoas no Brasil tinham acesso à Internet. A estimativa é que 70% da população, estimada em 211,6 milhões de brasileiros, usem a Internet, o que é um número bastante significativo. Desses 149,1 milhões de internautas, 140 milhões estão em alguma rede social, e constata-se que a maioria usa aplicativos *mobile* (desenvolvidos para *smartphones* e *tablets*) para se conectar às redes sociais, pois 130 milhões de usuários usam essa tecnologia. Assim, entende-se que toda essa comunicação e proximidade por ela gerada estão bastante concentradas nas Redes Sociais. Entre as que mais se destacam atualmente no Brasil são: YouTube, Facebook e Whatsapp. Estas e outras são responsáveis por reunir milhões de pessoas para os mais diversos propósitos, que vão desde empregos, comércio, relacionamentos pessoais, lazer, e, um dos mais controversos, que não se poderia deixar de incluir: a política.

As Redes Sociais claramente passaram a exercer uma enorme influência nos relacionamentos, e na maior parte das vezes aproximando seus usuários.

A lista de redes sociais em ordem de número de usuários no Brasil, avaliada em janeiro de 2019, é: YouTube, Facebook, WhatsApp, Instagram, Facebook Messenger, Twitter, LinkedIn, Pinterest, Skype, Snapchat, Tumblr, Badoo, Twitch, WeChat, Reddit e Viber, segundo a agência We Are Social[1], em parceria com a plataforma de mídia Hootsuite.

O Facebook, por exemplo, é o líder absoluto em número de usuários no mundo, possuindo cerca de 2.8 bilhões de usuários ativos mensalmente (avaliados em julho de 2019). No entanto, no Brasil, ele ocupa o segundo lugar em preferência. O primeiro lugar no Brasil pertence ao YouTube, empresa do grupo Google. No mundo, o YouTube, possui algo em torno de 2 bilhões de usuários, ocupando o segundo lugar mundial. O terceiro lugar no mundo e no Brasil, em termos de usuários, é o aplicativo de mensagens instantâneas WhatsApp, somando 1.600 bilhão de usuários no mundo. O WhatsApp é considerado uma rede social, pois é utilizado no relacionamento das pessoas e possibilita a troca de experiências individuais ou em grupos. Na sequência está o Instagram, rede social para compartilhamento de fotos e vídeos que permite compartilhá-los com outras redes sociais, tais como: Facebook, Twitter, Tumblr e Flickr. Com 69 milhões de usuários no Brasil, o Instagram é o que mais tem crescido nos últimos meses. Ele ocupa o sexto lugar no mundo com mais de 1 bilhão de adeptos.

Não é estranho também acrescentar que a maioria dos usuários das redes sociais é jovem, tendo entre 18 e 35 anos, principalmente, e está conectado por aproximadamente 3h por dia às redes[1]!

E o que tem se constatado, mais recentemente, é que a Inteligência Artificial (IA) vem sendo aplicada em diversos aplicativos ou funcionalidades, mais ou menos nobre, nas Redes Sociais. Essa espécie de consequência (uso da Inteligência Artificial nas Redes Sociais) não é tão surpreendente, pois os algoritmos nos quais a Inteligência Artificial é desenvolvida dependem de bancos de dados volumosos.

Inteligência Artificial e GPUs

De forma geral, contata-se facilmente que a Inteligência Artificial vem crescendo no mundo todo em diversas áreas (Indústria, Comércio, Agricultura e Serviços).

Em setembro de 2018, o Fórum Econômico Mundial apresentou a nova versão do relatório *The Future of Jobs*. O relatório indica que as profissões que mais crescem, e as duas primeiras são: Analistas de Dados/Cientistas de Dados e Especialistas em Inteligência Artificial (IA)/Aprendizado de Máquina (do inglês *Machine Learning*).

O atual presidente Donald Trump assinou, em fevereiro de 2019, uma ordem para que as empresas invistam mais tempo e dinheiro em pesquisa, promoção e formação de recursos humanos na área de Inteligência Artificial. O programa denominado "Iniciativa Americana para IA" determina que o governo federal priorize recursos para a pesquisa em IA, visando que esteja nos EUA as próximas invenções em IA. Além disso, destaca-se que o programa pretende levar à população o poder de decidir sobre como será utilizada a IA.

Como não poderia deixar de ser diferente, o presidente russo, Vladimir Putin, disse em setembro de 2019: "Quem liderar na IA, vai mandar no mundo" e "A Inteligência Artificial (IA) é o futuro, não apenas para a Rússia, mas para toda a raça humana". Com isso, parece que realmente podem estar criando uma nova guerra de poder.

Corroborando com esse pensamento, e indo além, Elon Musk, presidente da Tesla/SpaceX e empresário na empresa OpenAI, já deu várias declarações sobre sua preocupação sobre Inteligência Artificial, no que tange a disputas mundiais, inclusive indicando ser a Inteligência Artificial a causadora da terceira guerra mundial.

Do ponto de vista da China, seu vice-premier Liu He, faz declaração, que parece "ir na contramão" de tudo isso, ao incitar os líderes mundiais a pensarem em uma Inteligência Artificial muito além das fronteiras geográficas, pedindo que as nações demonstrem compreensão e respeito inclusivo uns aos outros para usar as tecnologias e "abraçar a Inteligência Artificial juntos". Essa declaração é extremamente importante, pois segundo o Instituto Allen de Inteligência Artificial (AI2)[2], os chineses devem passar os Estados Unidos entre os estudos mais relevantes e citados em IA.

No Brasil o ministro Marcos Pontes, da Ciência, Tecnologia, Inovações e Comunicações (MCTIC), anunciou recentemente (novembro de 2019) que oito laboratórios de Inteligência Artificial serão criados, sendo que metade deve-se dedicar à área de Internet das Coisas (do inglês *Internet of Things* - IOT), enquanto os outros quatro serão dedicados à segurança cibernética.

No que concerne à área de Inteligência Artificial, Aprendizado Profundo, (do inglês *Deep Learning*) é um ramo da área de Aprendizado de Máquina, ou mais especificamente de Redes Neurais (ver Figura 1), que vem crescendo muito nos últimos 40 anos e que tem acelerado ainda mais nos últimos 10 anos. Pode-se dizer que o trabalho de Yann LeCun e outros autores[3] em 1989, e o trabalho de Jürgen Schmidhuber em 1992[4], foram fundamentais para o desenvolvimento do Aprendizado Profundo. Destaca-se que Yann LeCun é cientista-chefe de Inteligência Artificial no Facebook, tendo recebido o Prêmio Turing de 2018, juntamente com Yoshua Bengio, que é professor na Universidade de Montreal e com Geoffrey Hinton, que está trabalhando atualmente no Google - Google Brain e na Universidade de Toronto. Infelizmente não há espaço para citar todos que contribuíram para o desenvolvimento das Redes Neurais ou mais recentemente pelo Aprendizado Profundo, pois foram muitos professores, pesquisadores e alunos de pós-graduação do mundo inteiro que tornaram tudo isso possível.

A Figura 1 indica a relação estabelecida entre as áreas mencionadas nesse capítulo.

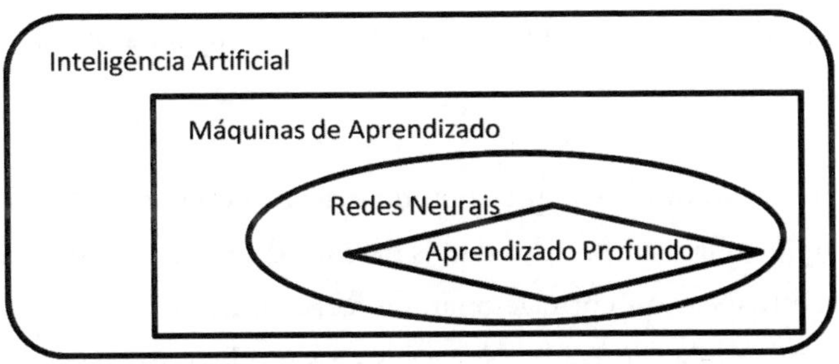

Figura 1 – Relação entre as áreas de pesquisa abrangidas por IA

No entanto, tudo isso se deve a vários fatos importantes, e que vêm permitindo o uso mais intensificado de tais algoritmos. Dessa forma, um dos principais fatores para o crescimento exponencial da área de Inteligência Artificial nos últimos tempos foi disponibilidade de hardware (computadores) adequado, sendo considerado o "corpo" que processa os sistemas e algoritmos. Mais especificamente e de forma bastante simplista, o principal componente dos computadores que permitiu esse crescimento são as Unidades de Processamento Gráfico (*Graphical Processing Units* - GPUs). As GPUs são chips de computador, originalmente, utilizadas para acelerar e melhorar a qualidade de imagens e vídeos, principalmente associados aos jogos não técnicos. No entanto, vários pesquisadores perceberam o poder computacional que tais dispositivos tinham e que poderia ser utilizado para resolver algoritmos com computação intensiva e muitas vezes paralela, como é o caso dos algoritmos baseados em Aprendizado Profundo. As conhecidas Unidades de Processamento Central (*Central Processing Units* ou CPUs), consideradas o cérebro dos computadores, continuam existindo e trabalhando ativamente em qualquer computador. No entanto, estas tiveram o auxílio das GPUs, que aceleraram dos algoritmos entre 10 a 40 vezes. Atualmente há dispositivos que possuem múltiplos processadores e permitem que algumas aplicações consigam alcançar a performance de serem até 100 vezes mais rápidas que as CPUs.

Esses dispositivos foram bastante importantes para que hoje fosse possível criar e desenvolver diversas arquiteturas baseadas em Redes Neurais, que aprendem a partir de dados, de forma supervisionada, não supervisionada ou de forma semisupervisionada.

Os algoritmos ou modelos, que aprendem através da metodologia supervisionada, exigem que sejam fornecidos dados de entrada e saída, de forma que o modelo aprenda a mapear ou correlacionar, de forma linear ou não linear, os dados da entrada com a saída fornecida. Nesse caso, os modelos extraem características das relações das variáveis de entrada e associam essas características com o valor estabelecido na saída.

Para facilitar, pode-se pensar em uma tabela, onde cada linha representa uma amostra com informações, que possam ser relevantes para o problema, e as colunas são as variáveis (ou atributos), contendo as informações ou medidas realizadas em cada linha (amostra). Na proposta de aprendizado supervisionado, cada registro dessa tabela (entradas da Figura 2) deverá estar associado a um valor de saída (rótulo - saídas da Figura 2), que poderia ser uma classe de informação.

A base de dados indicada na Figura 2 possui n registros de dados avaliados em m variáveis. Essas entradas são as informações ou conhecimentos que se deseja ver associadas às características identificadas nos rótulos.

	Entradas						Saída
	variável 1	**variável 2**	**variável 3**	**...**	**variável m**		**rótulo**
n amostras ou registros	a_1	b_1	c_1	...	z_1	→	a_1
	a_2	b_2	c_2	...	z_2	→	a_1
	...	...	...	...	...	→	...
	a_n	b_n	c_n	...	z_n		a_1

Figura 2 – Esquemático para uma tabela de amostras (linhas) contendo as características ou variáveis (colunas) associadas a um rótulo

Para exemplificar um dos modelos de Aprendizado de Máquina muito utilizado, e considerado o centro dos algoritmos e arquiteturas exploradas em Aprendizado Profundo, a Figura 3 apresenta um esquemático de uma Rede Neural.

As entradas indicadas na Figura 3 são as mesmas indicadas na tabela de dados da Figura 2, e os exemplos de saídas indicadas na Figura 3, são os rótulos da tabela da Figura 2.

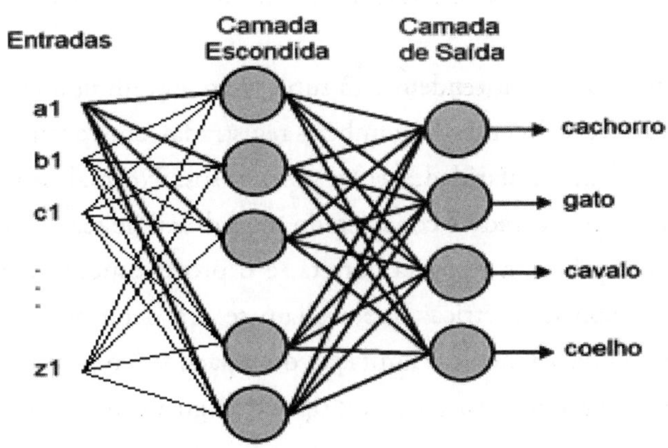

Figura 3 – Esquemático de uma Rede Neural do Tipo MLP

No início do aprendizado, ao processar o primeiro dado de entrada (primeiro registro da base de dados indicado na Figura 2), o modelo gera uma saída. A partir desse valor de saída, um cálculo do erro é realizado entre a saída desejada (rótulo conforme Figura 3, já que se trata de um modelo supervisionado) e a saída obtida pelo modelo. Esse erro ou diferença entre os valores obtidos e desejados é usado para ajustar ou corrigir os parâmetros do modelo. Assim, o processo de aprendizado é desenvolvido por meio da correção de coeficientes que processam os dados de entrada, gerando uma saída estimada pelo modelo. Então, para um modelo aprender a reconhecer animais em imagens, por exemplo, é necessário que o modelo consuma muitos exemplos de imagens (amostras ou registros da tabela da Figura 2), e estas devem ser rotuladas (saída desejada) com diversas classes de animais, de maneira que o processamento de aprendizagem supervisionada possa ocorrer. No início do processo, o modelo erra bastante, por exemplo, ao apontar que em uma imagem há um cavalo, quando na verdade a imagem contém um gato. Apesar disso, o erro calculado a partir da diferença entre o valor obtido pelo modelo (cavalo) e o valor real (gato – rótulo conhecido), será utilizado para ajustar os parâmetros do modelo (corrigindo o modelo) e fazendo que, a cada iteração, o algoritmo apresente uma saída (resposta) mais próxima do desejado (rótulo conhecido). Como quando se ensina uma criança a reconhecer cores. Inicialmente a criança comete mais erros, mas à medida que se indica uma determinada cor e repete-se o nome da cor, ela aprende, até não errar mais.

Já os algoritmos que aprendem sem supervisão, devem usar características extraídas das variáveis de entrada, também registradas em forma de registros de dados, e identificar similaridades entre esses casos. Normalmente esse tipo de metodologia de aprendizado é considerado mais difícil de realizar o aprendizado, porque não se conhece a resposta correta, e o processamento e a evolução das soluções dependem de métricas que avaliam se um determinado agrupamento obtido é bom ou não. Devido à limitação do espaço físico para se discutir Inteligência Artificial nas Redes Sociais, estes tipos de algoritmos não serão detalhados.

Redes Sociais e IA:

Facebook

Recentemente (julho de 2019)[2] o Facebook – que inclui o WhatsApp e o Instagram – tiveram alguns problemas que foram percebidos por muitos usuários dessas redes sociais no Brasil e nos outros países da América Latina, assim como também nos Estados Unidos e Europa. Segundo o Facebook, o problema envolvia o carregamento e envio de imagens, vídeos e arquivos. O principal motivo parecia estar relacionado com a interconectividade que se desejam estabelecer entre as redes. No entanto, a falha também permitiu que os usuários pudessem ver informações em que apareciam textos como: "a imagem pode conter:" "cães", "óculos", "pessoas sorrindo", "área interna" e outros elementos que compõem aquela imagem, ao invés das imagens.

No caso do reconhecimento dos objetos e pessoas do Facebook, os algoritmos de aprendizados utilizam como entrada imagens e a saída do modelo devem ser rótulos, identificando um ou mais objetos.

Esses algoritmos que recentemente têm processado imagens estão sob a área conhecida como Aprendizado Profundo que, por segmentação semântica de imagem, identificam objetos, pessoas e muitas outras coisas, tendo inclusive capacidade de contabilizar esses elementos por imagem. Especificamente as Redes Neurais Convolucionais realizam um trabalho inspirado no córtex visual dos animais, e extraem características que estão nas imagens; essas características (de forma semelhante às variáveis coletadas e armazenadas em tabelas como na Figura 1) são passadas para as camadas subsequentes da Rede Neural Convolucional de forma a realizar o mapeamento das características extraídas nos rótulos conhecidos.

Na imagem da Figura 4, pode-se observar uma imagem de um gato, onde as características relativas ao gato (não importando a cor ou posição na imagem) são coletadas e estas características são associadas ao rótulo "gato".

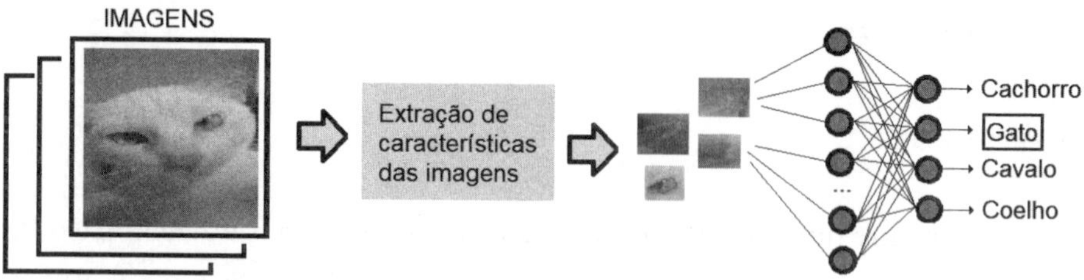

Figura 4 – Esquemático de Redes Neurais Convolucionais

Após esse breve esclarecimento, bastante básico, pode-se entender que o Facebook, por exemplo, precisa primeiro aprender, usando bases de dados, contendo informações de entrada e o rótulo, nomeado ou anotado por alguém, associado a cada amostra de entrada. Essas entradas podem ser: dados tabulares (números, por exemplo), imagens e até textos. Depois de ajustar o modelo, que aprende através de exemplos, este pode ser utilizado para indicar qual a saída para um novo dado. Assim, ao ser exposto aos dados (fotos) de uma página, o Facebook é capaz de indicar os objetivos e pessoas contidos na imagem.

Que o Facebook já era capaz de identificar pessoas em fotos (que antes havia sido indicado por alguém em fotos anteriores), já era conhecimento de todos, o que foi revelado é que além das pessoas ele é capaz de identificar muito além dos rostos das pessoas. Assim, se uma pessoa posta muitas imagens de mar ou praia, pode ser que apareça no seu *feed*, propagandas de passagens ou hotéis para lugares no litoral do seu país ou mesmo fora do Brasil. Com essas informações extraídas das imagens, é possível indicar produtos e fazer marketing personalizado, por exemplo.

YouTube

O YouTube (pertence ao Google), que foi fundado em 2005 por Chad Hurley, Steven Chen e Jawed Karim, empregados da PayPal, é o segundo lugar no mundo e primeiro no Brasil no ranking das redes sociais, possuindo mais de 1,9 bilhão de usuários ativos conectados por mês, tendo crescido 58% nos últimos anos. Segundo o site Oficina da Net[5], são mais de 400 horas de vídeos postados a cada hora, permitindo que os usuários possam assistir a mais de 1 bilhão de horas de vídeo por dia.

Com todo esse material, parece conveniente que o YouTube use algoritmos de Inteligência Artificial para ajudar em suas operações, principalmente envolvendo vídeos indesejados. Assim, mais de 70% dos 8.3 milhões de vídeos removidos no início desse ano foram removidos automaticamente por sistemas baseado em IA, segundo o site da Forbes[6], antes que qualquer usuário pudesse ter acesso ao conteúdo desses vídeos. Apesar de não ser perfeito, o algoritmo é muito mais eficiente, em termos de volume avaliado, do que se cada um dos vídeos tivesse sido assistido por um avaliador humano. Segundo o site, antes de adotar o uso de IA, apenas 8% dos vídeos, que continham imagens violentas (banidos na plataforma), eram sinalizados e removidos antes que dez visualizações tivessem ocorrido. Além de modelos modelados para *strimmers*, também são usados modelos para classificar os comentários dos espectadores, que podem denunciar um título de vídeo enganoso, com conteúdo inapropriado ou censurável. Os pesquisadores utilizaram Aprendizado Profundo com imagens rotuladas que permitiam ao algoritmo aprender padrões, e o resultado é um sistema ágil que consegue acompanhar o frames do vídeo. Os modelos utilizados para esse processamento são baseados em técnicas diferentes. Normalmente os modelos que trabalham com imagens são modelos convolucionais e os que trabalham com textos são modelos recorrentes. Em conjuntos podem ser capazes de construir soluções inovadoras para monitorar as informações que trafegam nas redes sociais.

Outra perfeita utilização da Inteligência Artificial no YouTube é o sistema de recomendação[7]. No YouTube há o recurso "Próximo" (do inglês "Up Next"), que visa identificar outros vídeos relacionados ao tema que está sendo assistido. A Inteligência Artificial utilizada nesse caso difere do processo de recomendação do Netflix ou Spotify, pois deve considerar recomendações em tempo real, com novos dados sendo adicionados pelos usuários. Assim, inicialmente gera vídeos candidatos, avaliando o histórico do usuário e em seguida classifica, pontuando cada vídeo. Segundo um ex-funcionário do YouTube, a métrica usada pelo algoritmo para realizar uma recomendação bem-sucedida é o tempo de exibição. Essa métrica pode valorar vídeos com conteúdo menos interessantes, pois quanto mais pessoas assistem ao vídeo, mais ele pode ser recomendado. À medida que as técnicas de Inteligência Artificial são aprimoradas, novas métricas podem se somar para melhorar a qualidade dos resultados. Dessa forma, não se considera o modelo finalizado enquanto há margem para se aumentar a acurácia.

Twitter

O Twitter, que tem ganhado destaque, por ser utilizado como plataforma de comunicação de alguns líderes mundiais e que devido ao intenso uso em períodos eleitorais, criou regras de uso para políticos[8], também se pode identificar muitos investimentos em pesquisas e desenvolvimentos utilizando IA.

Uma das notícias que chamou a atenção de internautas no site TecMundo[8] foi a melhora que a empresa relatou em sua capacidade em detectar e eliminar mensagens abusivas ou nocivas, antes mesmo da mensagem chegar ao usuário. Os resultados da matéria apontam que 50% desses tipos de mensagens estão sendo eliminadas. Apesar de não ser o ideal, destaca-se que o desenvolvimento de modelos, em Inteligência Artificial envolvendo textos não é fácil: devido às diversidades das línguas, devido ao grupo social, a região, e o contexto histórico, nos quais se podem destacar as gírias; ao grande número de abreviações e siglas usadas para simplificar e acelerar a escrita das mensagens, que devem estar contidas em no máximo 280 caracteres; aos muitos erros de ortografia, erros de sintaxe, além do fato da criação de novas palavras que se somam todos os dias, principalmente na linguagem coloquial ou popular, que é utilizada nas Redes Sociais.

Essa espécie de filtro que o próprio *Twitter* aplica às mensagens que entram é baseada na junção de duas áreas de pesquisa: o Aprendizado Profundo e o Processamento de Linguagem Natural, que tem ganhado grande destaque, recentemente, pela divulgação de robôs de software de atendimento virtual a usuários, os conhecidos *chatbots*. Destaca-se que a maior parte dos *chatbots* é ajustada inicialmente a partir de um corpus (coleção de textos que estão atrelados ao contexto do *chatbot*). Ao longo do tempo de utilização da ferramenta de diálogo virtual artificial, o modelo vai sendo atualizado, ou seja, os parâmetros do modelo que são aprendidos são ajustados, melhorando a capacidade de solução dia a dia.

Há muitas outras informações que se pode extrair das Redes Sociais como o Twitter, por exemplo. Recentemente um trabalho de uma aluna do Departamento de Ciência da Computação da UERJ, orientada por mim, explorou mensagens abertas do *Twitter* visando identificar relatos criminais, que puderam ser utilizados para aumentar a base de informações da Segurança Pública. Especificamente, este trabalho utilizou técnicas de Aprendizado de Máquina para classificar mensagens do Twitter em diversas categorias de crimes, tais como: homicídios, roubos em geral, tráfico, armas, maus-tratos a animais, violência doméstica e meio ambiente, etc.

Depois disso, dois alunos desenvolvem um trabalho de identificação de relatos criminais utilizando um *Ensemble* de modelos inteligentes, ou seja, um comitê de modelos baseados em Aprendizado de Máquina, onde cada modelo do comitê aprende a identificar as diversas classes de crimes e, depois ao ser submetido aos novos casos, eles julgam separadamente e votam sobre essa nova entrada (um novo *tweet*). Entre outras opções, pode-se compor o voto por maioria. Se o número de modelos, que faz parte do ensemble ou comitê, é impar e se há duas classes para se decidir a respeito do *tweet*, então pode, nesse caso, avaliar o voto do comitê por maioria simples. Outra aluna está desenvolvendo um novo modelo para a mesma classificação, usando Redes Neurais Recorrentes, que pertencem ao domínio dos modelos de Aprendizado Profundo. O objetivo novamente é melhorar os resultados que já superam os 80% de acertos em relação às classes-alvo.

Em outro trabalho, também aplicado aos dados abertos do Twitter, o objetivo era identificar o que se denomina de Entidades Nomeadas. O Reconhecimento de Entidades Nomeadas, também referenciado como Reconhecimento de Entidades Mencionadas por alguns autores (termo na língua inglesa *Named Entity Recognition*), é uma tarefa que faz parte da Extração de Informações, e é uma tarefa importante para a detecção e classificação de informações importantes presentes em um texto. Assim, REN tem como objetivo encontrar elementos em um texto, como palavras ou termos, e classificá-los dentro de um conjunto de tipos de categorias predefinidas, tais como nome (de pessoas ou de organizações - quem), tempo (datas, horários - quando), lugares (ruas, bairros, cidades, localidades, etc. - onde), ou qualquer outro conjunto de termos (entidades) que possam ser previamente rotulados e relacionados a uma área de interesse ou domínio. Nesse caso, o trabalho extraiu nomes e lugares da base de dados, indicando possíveis criminosos ou lugares de ocorrência dos crimes.

Mais recentemente, outro grupo de alunos está se dedicando a estender a aplicação, incluindo rótulos relativos ao tempo (quando) na base de dados de aprendizado, de forma que entidades relativas ao tempo possam também ser extraídas. Assim, o projeto maior é automatizar a extração de informação de grandes conjuntos de dados visando acelerar a extração da informação de forma que as providências e soluções possam ser mais rapidamente tomadas e com isso melhorar a qualidade e a segurança pública.

Facebook Messenger

Segundo a Tecmundo[9], a experiência no uso da Inteligência Artificial para o Messenger do Facebook não logrou todas as expectativas. Em janeiro de 2018 uma assistente pessoal, usando Inteligência Artificial e denominada M, criada para auxiliar nas respostas às mensagens trocadas com seus contatos foi desativada. A ferramenta sugeria respostas e *stickers* (conhecido aqui no Brasil como figurinhas), monitorava sua localização para sugerir a chamada do Uber, cumprimentar pessoas por ocasiões especiais, etc. Segundo o Facebook, apesar do cancelamento do serviço, eles declararam que aprenderam muito sobre as formas de uso e as necessidades dos seus usuários.

Whatsapp

Embora o Whatsapp tenha uma legião enorme de usuários, é mais difícil o desenvolvimento de soluções envolvendo o aplicativo, porque ele não tem seus conteúdos apresentados de forma pública.

No entanto, em casos de apreensão de aparelhos visando identificação criminal, os dados e textos poderiam ser avaliados e classificados por modelos semelhantes aos que foram apresentados anteriormente para o *Twitter*. O objetivo nesse caso é automatizar a análise das muitas mensagens recebidas dos diversos contatos que cada um desses aparelhos pode conter. A construção de uma rede de contatos também é possível de forma a auxiliar a Segurança Pública a melhorar seus resultados de forma inteligente.

Instagram

O Instagram tem sido, no Brasil, uma das redes sociais que mais recebe usuários nos últimos meses.

Segundo o site Tecnoblog[10], entre as funcionalidades baseadas em IA, que se destacam no Instagram em 2018, tem-se o aplicativo que deverá ajudar as pessoas com deficiência visual a "ouvirem as fotos". O objetivo do aplicativo é descrever as fotos para todos que tiverem qualquer natureza de deficiência visual (algo em torno de 285 milhões de pessoa, segundo o Instagram). A informação poderá ocorrer de duas formas: a primeira e mais simples, os próprios usuários podem colocar informações em forma de legendas; a segunda e mais interessante, é a que faz uso de algoritmos baseados em IA, os modelos baseados em Aprendizado

Profundo para reconhecimento de objetos em fotos descreve as fotos. As descrições automáticas do Instagram não ficarão acessíveis para qualquer usuário, elas podem ser lidas por leitores de tela, como o TalkBack (Android) ou o VoiceOver (iOS), que devem ser ativadas pelos usuários que desejarem esse recurso em seus smartphones.

Segundo o Tecnoblog, o site o Facebook já havia disponibilizado esse tipo de funcionalidade inteligente há três anos.

Em 2017 a empresa havia implementado um monitoramento inteligente para os comentários ofensivos. Assim, se a foto tivesse comentários abusivos, o sistema poderia indicar tal comportamento de algum seguido do usuário.

Outra ótima funcionalidade, disponível desde 2018, é a que foi apresentada pelo novo chefe da plataforma Adam Mosseri. A nova ferramenta verifica imagens e avalia se há alguma característica de *bullying*, utilizando também Aprendizado de Máquina. No caso das imagens exibirem qualquer tipo de "ataques à aparência ou ao caráter de uma pessoa, bem como ameaças ao bem-estar ou à saúde", conforme foi noticiado pelo Tecnomundo[10], essas imagens ou textos são identificadas pelo pela rede social. Segundo o Instagram, muitas pessoas não reportam tais comportamentos, além disso, essa ferramenta deve proteger principalmente os usuários mais jovens, como os adolescentes que tendem a sofrer mais *bullying* nessa fase da vida.

No entanto, o monitoramento de imagens "boas" também acontece. O Instagram também realiza o monitoramento "reverso", ou seja, avalia imagens a partir de um filtro denominado "câmera da bondade". Nesse caso, ao incluir foto que seja classificada pelo sistema como positiva, ela é coberta por corações e o usuário é convidado a indicar um amigo. Se o usuário indicar um amigo, este é notificado e poderá compartilhar o post recebido ou é incentivado retribuir a gentileza.

Pinterest

É uma plataforma usada para fotos que servem para inspirar os seguidores. O nome remete a um mural de interesses, pois o termo surgiu através da junção das palavras *pin* (alfinete) e *interest* (interesse). Inclusive a própria rede se intitula como "catálogo mundial de ideias". Ela foi criada em 2009 e atualmente conta com mais de 291 milhões de usuários no mundo todo.

Embora haja crescimento em investimentos em conteúdo visual para as empresas, somente 7.9% das empresas no Brasil parecem ter aderido a esta rede social, enquanto acumula 39% dos usuários respondentes da pesquisa realizada pelo Rock Content, divulgada no Relatório Social Media Trends 2019. Apesar de inicialmente não ter sido o propósito dos seus criadores, esta rede social parece ter nascido com vocação para vitrine virtual.

Recentemente foi noticiado que a Inteligência Artificial também está atuando nos serviços do Pinterest. Novamente, nessa rede social, pôde-se observar o uso de Aprendizado Profundo associado a imagens. Nesse caso, a aplicação também é capaz de identificar mais de 2,5 bilhões de objetos em fotos de moda e decoração. Segundo o site PCWORLD[12], o objetivo é indicação de fornecedores ou vendedores de produtos que o usuário tenha tido interesse e estaria disponível em alguma imagem. Quando o usuário seleciona uma imagem que tenha algum objeto que lhe interesse adquirir, o sistema inteligente verifica a partir da identificação do objeto quem é o vendedor, além de mostrar outras imagens de produtos semelhantes que podem ser adquiridos. Os algoritmos de Aprendizado Profundo associados à segmentação e classificação de imagem podem novamente ajudar a fazer a extração de conhecimento e realizar as associações necessárias.

Também está disponível no Pinterest uma aplicação de monitoramento de imagens. A empresa quer evitar estímulos que causem ou aumentem a depressão e a tendência ao suicídio. Segundo o site STARTSE[13], uma ferramenta baseada em Aprendizado de Máquina desta rede social conseguiu identificar e eliminar 88% das publicações relacionadas à automutilação ou conteúdo que promova a autodepreciação, já que essa rede social não permite troca direta de informações entre usuários.

LinkedIn

É a maior rede social para negócios fundada em 2002 e comprada pela Microsoft em 2016. Possui atualmente cerca de 310 milhões de usuários pelo globo, sendo que mais de 29 milhões deles são brasileiros. Essa rede social foi criada visando as conexões profissionais que poderiam se estabelecer, aumentando o networking entre profissionais de qualquer área e no *employer branding*, atraindo potenciais colaboradores para as empresas. Os profissionais se cadastram e indicam suas aptidões e habilidades, que normalmente são endossadas por colegas que trabalharam com o usuário ou que possuem qualquer convívio profissional.

Recentemente (outubro de 2019), o LinkedIn também aderiu à descrição automática de imagens que são postadas no *feed* de notícias. Novamente aqui, a Inteligência Artificial realiza o processo de criar textos para as imagens postadas pelos usuários com modelos baseados em Aprendizado Profundo.

Outra funcionalidade inteligente disponível no LinkedIn é o LinkedIn Talents Insights, uma ferramenta baseada em Inteligência Artificial e Big Data para auxiliar profissionais da área de recrutamento das empresas. O objetivo do sistema é analisar estratégicas sobre concorrência, perfis de contratação, habilidades mais procuradas para determinadas funções, entre outras métricas para a contratação de novos funcionários. Para isso, a ferramenta utiliza o banco de dados de mais de seus 575 milhões de usuários[14]. No entanto, esse serviço é pago e pode ser adquirido de acordo com o número de funcionários associados.

Se o recrutador quiser fazer a busca por cargos, por exemplo, é possível identificar geograficamente onde estão os potenciais talentos para a abertura de uma filial, por exemplo. Se a pesquisa for por empresa, o profissional de RH poderá identificar quais empresas perdem ou contratam com mais frequência. Segundo pesquisa recente feita pelo LinkedIn, mais de 64% usaram os serviços e, dos que não usaram, 79% pretendem usar.

Muitos exemplos de aplicações reais e atualmente disponíveis que utilizam algoritmos baseados em Inteligência Artificial relacionados às Redes Sociais foram citados nesse capítulo. Isso comprova que os investimentos estão sendo feitos para praticamente todas as plataformas de Redes Sociais. Porém, como qualquer ferramenta já inventada pelo homem, esta também é capaz de fazer vítimas.

Os tempos de *fake news* também abriram espaço para os vídeos ou fotos que são manipulados por IA. Nesses casos uma imagem ou vídeo de uma pessoa podem ganhar corpo ou rosto de outras pessoas. É óbvio que a manipulação e alteração de informação original pode realmente trazer enormes complicações às vítimas ou processos judiciais aos manipuladores.

Nessa direção, o aplicativo *DeepNude* (online e gratuito) teve um potencial muito forte para fazer vítimas. Nele, pode carregar fotos de mulheres e retornar com uma imagem da mesma mulher nua. No entanto, na versão gratuita, a imagem "nude" incluía uma marca d'água, indicando explicitamente que se trata de uma montagem. A versão paga, segundo o site Tecmundo[15], teria uma qualidade muito superior e não incluía a marca d'água. Depois de ficar 24 horas no ar, o projeto foi descontinuado, pois o autor teria percebido o caráter nocivo que o aplicativo poderia conter. No entanto, algumas versões do sistema foram baixadas e já há anúncios de que alguns programadores incluíram aprimoramentos no algoritmo.

Outro episódio, também relativamente recente, envolvendo criação de imagens falsas apontou que um algoritmo de Aprendizado Profundo, denominado *Generative Adversarial Networks* (GAN), que teria sido utilizado para criar a foto de uma mulher (Figura 5), para a criação de um falso perfil no LinkedIn. O objetivo era que a pessoa que manipulou a imagem e criou o perfil falso tivesse acesso a pessoas influentes do governo americano. O perfil do usuário foi criado sob o nome Katie Jones.

Figura 5 - Foto criada artificialmente por uma Rede Neural Profunda

Realmente há uma profusão de perfis *fake* em qualquer Rede Social, mas esse pode ser o primeiro caso documentado e público de um espião virtual.

Segundo o site CIO Bulletin[16], o perfil falso no LinkedIn tinha diversas conexões e entre elas estava Paul Winfree, que é economista e candidato a membro do conselho do *Federal Reserve*. Ele informou que fazia parte das conexões do espião virtual, porque não avalia as solicitações de conexões ao seu perfil e aceita todos os pedidos.

Isso deve servir de exemplo para todos que não filtram ou verificam quando recebem notificações com as solicitações de contato e aceitam imediatamente o pedido.

De qualquer forma, ao avaliar a Figura 5 fica realmente claro que apesar de alguns detalhes, que os mais experientes conseguem detectar, fica muito difícil imaginar que essa pessoa nunca tenha existido.

Snapchat

Alunos da Universidade de Stanford criaram o aplicativo de mensagens com base em imagens (fotos e vídeos) em 2011. Inicialmente denominado Pictaboo, o aplicativo permite que desenhos e textos sejam adicionados às imagens. Além disso, o usuário define período de tempo que a imagem ficará disponível no visor do amigo de sua lista.

A Inteligência Artificial também está presente no aplicativo que permite que se pesquise e encontre outras imagens públicas de usuários que postam imagens semelhantes ou correlacionadas a alguma imagem que tenha interesse[17].

Recentemente (novembro de 2019) o Snapchat disponibilizou uma nova ferramenta que também usa Inteligência Artificial baseada em imagem denominada "Time Machine". O objetivo é criar uma "máquina do tempo virtual" e permitir que os usuários vejam sua aparência em diferentes períodos de suas vidas, da infância à velhice[18].

Badoo

É uma rede social dedicada a relacionamentos afetivos. Ela foi criada em 2006 e desde então seus adeptos cresceram muito.

A sede do aplicativo fica fisicamente localizada em Londres, mas já conquistou muitos usuários ao redor do mundo. Hoje são mais de 400 milhões de usuários em todo o mundo. E segundo o CanalTech[19], o Brasil é o país com o maior número de usuários.

Outra informação interessante indicada pelo CONECTAí Express[20], é que um em cada cinco usuários de tecnologia mobile no Brasil possui um aplicativo de relacionamento instalado em algum dos seus dispositivos móveis.

Motivado por esse tipo de informação, o Badoo incluiu Inteligência Artificial para identificar possíveis pares segundo as preferências físicas dos seus usuários por parceiros que sejam semelhantes aos seus astros ou celebridades favoritas. Na realidade, o aplicativo encontra um par que seja semelhante a qualquer pessoa que o usuário indique. Para isso basta que o usuário faça upload de uma imagem, que o aplicativo utilizando Aprendizado Profundo para reconhecimento de faces, identifica os usuários que mais se assemelham à foto fornecida.

Outra funcionalidade muito importante para melhorar a confiança dos usuários na identificação dos parceiros é evitar que contas fake sejam criadas. Uma das formas incluídas no processo de verificação é a identificação de rostos nas fotos. O usuário é convidado a postar uma foto fazendo um determinado gesto. A foto postada pelo usuário não é utilizada no perfil, sendo descartada em seguida. Caso a empresa deseje, poderá ampliar a avaliação incluindo a verificação de rostos de atores e músicos famosos com o perfil criado, por exemplo.

Conclusões

O que parece claro é que as diversas empresas relacionadas às Redes Sociais, que têm acesso a uma enorme quantidade de dados enviados e postados pelos usuários e assinantes, podem e usam os dados de informação dos usuários.

Esses algoritmos utilizados em Inteligência Artificial, tanto os que extraem informações de imagens, quanto os que extraem informações de textos, são considerados algoritmos para dados não estruturados. A extração de informação de dados não estruturados em dados estruturados visa ampliar a quantidade de informação disponibilizada apenas pelos dados que são construídos de forma estruturada, ou seja, os que foram construídos com ajuda de formulários e armazenados em bancos de dados relacional, por exemplo.

Muitas funcionalidades desenvolvidas pelas empresas e apresentadas nesse capítulo visam o uso dos dados de forma a melhorar a qualidade do uso das ferramentas, a inclusão social, a oferta de serviços e até a proteção dos seus usuários.

No entanto, parece claro que, conhecendo a natureza humana, não se imagina que a Inteligência Artificial será usada apenas para o bem das pessoas ou mesmo do planeta. Pensando nisso, é que algumas das maiores empresas na área de Tecnologia e Computação do mundo: Google, Facebook, Amazon, IBM e Microsoft, reuniram-se em 2016 e criaram uma aliança denominada "*Partnership on Artificial Intelligence to Benefit People and Society*" cujo objetivo é "conduzir pesquisa, recomendar melhores práticas e publicar pesquisas sob licenças abertas em áreas como ética, justiça e inclusão, transparência, privacidade e interoperabilidade, colaboração entre pessoas e sistemas AI e confiabilidade e robustez da tecnologia."

É importante que os usuários estejam preparados para entender as consequências que envolvem a disponibilidade dos seus dados e mecanismos dessa exposição, assim como o seu uso pelos algoritmos baseados em Inteligência Artificial, porque realmente esse é um caminho sem volta.

Referências

1 - Agência We Are Social em parceria com a plataforma de mídia Hootsuite

https://wearesocial.com/global-digital-report-2019

2 - AI2 Allen Institute for AI: https://allenai.org/

3 - Y. LeCun, B. Boser, J. S. Denker, D. Henderson, R. E. Howard, W. Hubbard, and L. D. Jackel. Backpropagation applied to handwritten zip code recognition. Neural computation, 1989.

4 - J. Schmidhuber., "Learning complex, extended sequences using the principle of history compression," *Neural Computation*, 4, pp. 234–242, 1992.

5 - Oficina da Net: https://www.oficinadanet.com.br/tecnologia/26607-os-incri-veis-numeros-do-youtube-em-2019

6 - Forbes: https://www.forbes.com/sites/bernardmarr/2019/08/23/the-amazing-ways-youtube-uses-artificial-intelligence-and-machine-learning/#4bcb43c58522

7 – P. Covington, J. Adams, E. Sargin, Deep Neural Networks for YouTube Recommendations, Proceedings of the 10th ACM Conference on Recommender Systems, , Boston , MA, USA pp. 191-198, 2016

8 - Tecmundo: https://www.tecmundo.com.br/redes-sociais/147087-ia-twitter--remove-50-posts-abusivos-chegarem-usuarios.htm

9 – Tecmundo: https://www.tecmundo.com.br/redes-sociais/125884-facebook--m-inteligencia-artificial-rede-social-desativada.htm

10 – Tecnoblog: https://tecnoblog.net/269601/instagram-ia-descricao-foto-deficiencia-visual/

11 – Tecnomundo: https://www.tecmundo.com.br/redes-sociais/135003-instagram-anuncia-novos-recursos-ia-detectar-bullying-imagens.htm

12 – PCWORLD: https://pcworld.com.br/pinterest-avanca-inteligencia-artificial-para-impulsionar-e-commerce/

13 - STARTSE: https://www.startse.com/noticia/nova-economia/69849/pinterest-inteligencia-artificial

14 - Olhar Digital: https://olhardigital.com.br/noticia/nova-ferramenta-do-linkedin-traz-big-data-e-inteligencia-artificial-para-recrutamento-de-candidatos/78747

15 - Tecmundo: https://www.tecmundo.com.br/internet/143099-app-usa-deepfake-tirar-roupa-pessoas.htm

16 - CIOBulletin: http://www.ciobulletin.com/it-services/spy-uses-linkedin-ai-picture

17 - MaisTecnologia: https://www.maistecnologia.com/snapchat-utiliza-inteligencia-artificial-sugerir-filtros/

18 – Canaltech: https://canaltech.com.br/apps/novo-filtro-idade-snapchat/

19 – Canaltech: https://canaltech.com.br/negocios/badoo-tem-crescimento-de-26-em-numeros-de-usuarios-no-brasil-no-1o-semestre-145445/

20 - CONECTAí Express: https://www.conectaibrasil.com.br/

Uma Proposta de Governança para Transformação de Projetos em Startups, Aceleração e Inserção na Sociedade.

Profª. Marinilza Bruno de Carvalho

1. Introdução

O tripé da Gestão da Inovação é composto por Pessoas, Tecnologia e Processos. Consciente de que processos precisam ser identificados, tecnologia deve ser construída ou adquirida e pessoas precisam ser conquistadas, torna-se mandatório o Perfil Comportamental do Gestor, a identificação do Cenário atuante e suas possibilidades futuras somadas ao produto/serviço/processo. Chesbrough,2003.

No entanto, a articulação do gestor diante do cenário real é possível com a inovação de produto/serviço ou processo exige alguns parâmetros ou modelos, por vezes ainda não testados, mas com chances de sucesso.

Estas decisões só virão à tona e tornam-se manifestações reais se o perfil e atitudes do gestor estiverem alinhados com a visão de futuro e flexibilidade de paradigmas, características movedoras de cenários e mola mestra da inovação. (Joel Barker,95)

Neste contexto, ousamos conceituar que, Inovar é dar uma nova utilidade a instrumentos, ferramentas e objetos. Utilizar o conhecido para criar o desconhecido.

Inovar é Fazer, Pensar e Ser DIFERENTE.

Com o referencial teórico do pesquisador Joel Barker,95, sobre Flexibilidade para a Mudança no Perfil do Gestor, Henry Chesbrough,2003, sobre a Inovação Aberta, que suscita parcerias para desenvolvimento e a Lei de Inovação,2004 construímos um novo Pilar para o século XXI, qual seja: trabalhar empreendedorismo e inovação significa desenvolver habilidades profissionais e introduzir novidade ou aperfeiçoamento no ambiente produtivo ou social para gerar novos produtos, processos ou serviços, que propiciem uma sociedade sustentável com melhor distribuição de renda e trabalho.

O conceito de Inovação Incremental é o melhoramento do produto e/ou processo já existente e Inovação Radical significa que o produto e/ou processo é completamente novo, tendo como referência a instituição. Portanto, se é novo para a instituição é uma inovação.

A extensão destes conceitos ao domínio da Tecnologia deve ser entendida como sendo a situação em que a instituição introduz um produto e/ou o processo tecnologicamente novo, assim como, quando um melhoramento tecnologicamente significativo é introduzido em seu próprio processo e produto.

Evita-se entender como inovação tecnológica as modernizações industriais feitas a partir de uma mesma tecnologia.

O conceito de inovação nas organizações, segundo o modelo antigo – ainda vigente, apresenta o ambiente de trabalho fechado e competitivo. A pesquisa é realizada em grandes laboratórios próprios. A integração é vertical, o que significa profundo conhecimento específico e aumento da pesquisa interna seguindo a visão e objetivos conhecidos na missão das instituições.

O modelo novo, que privilegia a parceria e o desenvolvimento conjunto, começa sua incursão em algumas grandes organizações e em muitas pequenas e médias empresas. Segundo Henry Chesbrough, 2003, que denominou de "Open Innovation", este modelo compartilha as três linhas do processo de produção, isto é, a pesquisa, o desenvolvimento e a comercialização. Desta forma, uma organização pode pesquisar, desenvolver e comercializar, sozinha ou em parcerias, cada uma destas fases.

A Internalização e Externalização de Tecnologia com o patenteamento de soluções para uso interno, a negociação com royalties, o licenciamento de novas tecnologias de e para outras empresas são algumas das novas modalidades de trabalho em rede e em parceria.

Na internalização, uma organização estará recebendo a pesquisa de outra instituição para simplesmente desenvolver ou desenvolver e comercializar em conjunto com a primeira.

Na externalização, a organização estará repassando sua pesquisa para só comercialização ou desenvolvimento e comercialização. Outras formas de parceria também podem ser construídas apresentando a flexibilidade e abertura para a criação intelectual e propriedade industrial. Assim, inovação é toda e qualquer nova forma de pensar, criar e usar nossos conhecimentos, métodos, técnicas e instrumentos.

Para tanto, urge o desenvolvimento de projetos, processos, políticas públicas, que disseminem o espírito empreendedor, oriente e respalde o processo de desenvolvimento de uma ideia até gerar um negócio e/ou produto/processo, estimule a liderança e a identificação de oportunidades. A abordagem transdisciplinar e uma visão holística são premissas essenciais para o processo de inovação no Brasil, de modo a transformar "ciência em tecnologia", trazendo qualidade de vida e crescimento intelectual e profissional para todos os brasileiros.

2. Justificativa

Um Programa de Gestão da Inovação promove o aculturamento do planejamento e gestão para a sustentabilidade da ação de inovar. Instalar uma nova cultura não é tarefa trivial. Disseminar a cultura de inovação, conceitos e a relevância da excelência na gestão exigem pessoas preparadas e conscientes da relevância e dos benefícios de tais AÇÕES. Isto significa dizer que, identificar propostas inovadoras, apoiá-las ou não, com base em sua sustentabilidade, custo e benefícios congrega equipes e metodologias eficientes e efetivas. A Academia assume o papel disseminador de novas estratégias e técnicas, sejam elas de desenvolvimento e/ou formação, gestão, processos, produtos e serviços.

O Projeto de Consolidação da Cultura de Inovação e Empreendedorismo visualiza a educação e sua eficácia comprovada quando em atividades "Just in time", isto é aprender fazendo, com orientação, supervisão, segurança e qualidade. No entanto, aprender a fazer mais do mesmo está se comprovando também, como muito ineficaz. A criatividade e o diferente estão se superando e resolvendo problemas, que até os dias de hoje não encontraram eco neste ambiente de Fazer do mesmo jeito. Outros "Jeitos" estão sendo propostos e estudados, de modo que inovar e pensar diferente se apresentam como um atributo de sustentabilidade.

A inovação não é um conceito complexo, mas muitíssimo aberto. Basta pensar diferente e encontrar ou buscar uma nova maneira de fazer as coisas. Talvez a complexidade se manifeste na dificuldade da abertura da MENTE. Reina neste Universo, "a mente de cada indivíduo", um verdadeiro domínio de sucessos alcançados, caminhos percorridos e o medo do novo, que engessa e congela, impedindo ações mais ousadas e diferentes. Desde *1513, Niccolô Machiavelli* em seu conhecido livro, *"O Príncipe"*, ele, *Machiavelli,* retrata a dificuldade de inovar e a reação contrária a qualquer novo sistema ou modelo. Mesmo que o novo venha trazer vantagens, ainda não se tem comprovação, o que coloca todos sob suspeita das possibilidades reais de sucesso. Também o medo de aprender com seus erros, máxima, apresentada por Thomas Edson, se reveste de muitas controvérsias, maximiza os desafios da Inovação. Portanto, empreender e inovar urge ações, propostas e projetos de conquista e uma nova cultura para o aprendizado livre para errar, dentro dos limites calculados, nas linhas da ética e da moral, mas com flexibilidade de pensar e criar alternativas diversas para a mesma questão. Um programa de Gestão da Inovação deve iniciar por si mesmo, inovando na Gestão, diferente dos modelos tradicionais até agora praticados.

3. Objetivo

O objetivo deste trabalho é o estudo da Disseminação da Cultura de Inovação e Empreendedorismo com base na gestão e propor um Modelo de Governança que permita trabalhar os mesmos conceitos tão importantes da Gestão da Inovação e Empreendedorismo, mas de forma e estratégia inovadoras.

Claro que o principal objetivo é, e sempre será na comunidade interna e externa das Organizações, ***inocular o vírus do Empreendedorismo e da Gestão da Inovação,*** bem como em toda a Sociedade.

O mundo atual completamente diverso de tudo que vivemos até agora, apresenta desafios, que muitas pessoas ainda não estavam dispostas a realizar, ou mesmo enfrentar. O tempo passou a ser um diferencial competitivo, e a qualidade exige pessoas com perfis altamente modificados.

Deste modo, conquistar pessoas que estejam comprometidas em realizar tarefas, sejam quais forem, tornou-se um grande diferencial, posto que, já mundialmente conhecido que talentos como comprometimento, determinação e flexibilidade de ações, características do perfil Empreendedor, ecoam para todas as Organizações como condições que desenharem o Futuro.

É função de todas as Organizações, a disseminação da cultura de inovar, identificar possíveis soluções diferenciadas em campos diversos do saber, preocuparem-se com a garantia da autoria de seus inventores e propositores, bem como orientar para a transferência para a Sociedade dos conhecimentos, produtos, e serviços gerados em seus laboratórios, sejam elas públicas e/ou privadas. Já é de conhecimento geral que muitas vezes a Solução de uma, pode contribuir e atender aos problemas de outras.

A cultura da Inovação traz consigo novos atributos que geram novos tecidos sociais com Flexibilidade de Raciocínio, a visão ampliada de horizontes, o exercício de uma mente conectada e um pensar distensionado de modo a dotar todas as Organizações, que assim se definirem, das condições de propor, planejar e fazer gestão de projetos, ações e atividades de forma inovadora.

4. Cenário Atual

Ainda no mesmo segmento que trata da inovação e empreendedorismo, temos que todo projeto se resume em **prospectar, desenvolver e implantar a solução na sociedade**, através de todos os modelos e instrumentos que a sociedade civil e jurídica permitirem.

De modo mais inovador, com todas as metodologias de **Prospecção,** temos que a prática iniciada com os Hackathons, tem se mostrado extremamente eficiente, na ação de Prospectar, principalmente no que tange a agilidade do processo que em poucos dias consegue apresentar uma proposta de solução. Mesmo quando se comprova não atender, de modo muito rápido acontecem as mudanças de rumos, e, ao contrário do modelo anterior, de maior custo, até se comprovar ineficiente.

Com o processo de desenvolvimento que a Inovação Aberta trouxe com o modelo de startups, estas podem assumir certo risco, e serve para testar e desenvolver as boas ideias, visto que, as que não são boas ficam pelo caminho. Também privilegiando a rapidez no processo de priorização e definição de estratégias.

No tempo do desenvolvimento da empresa startup estar em condições de negociação, atualmente está sendo apresentado outro modelo muito interessante, qual seja os **Hub de Inovação.** Nestes espaços, com a metodologia de Coworking, as empresas mais maduras, desenvolvidas nas startups podem se instalar para crescer em parcerias com outras empresas, grandes ou pequenas, em espaço de constante negociação e integração até que produtos mais testados e de maior qualidade sejam entregues à Sociedade. Neste ambiente, muitas empresas nascentes podem se fundir, fechar e abrir outras, pois é o ambiente de inovação permanente com desafios e transferências todo o tempo. Até sair deste hub o produto, serviço e/ou empresa estará praticamente com bom/maior espaço de mercado.

Neste cenário novas metodologias imprimem temas de grande relevância, mas pouco estudadas na Academia, tais como: modo de apresentação de ideias, projetos e trabalhos, hoje com a proposta de utilizar o **PITCH;**

A metodologia de planejamento para projetos como o **CANVAS** que permite uma visão globalizada do problema e sua solução possibilitando ao avaliador chances de identificar os benefícios do projeto de forma mais clara e sustentável.

As metodologias de **NEGOCIAÇÃO** também não desenvolvidas nos cursos de graduação, e que se tornam diferenciais extremamente competitivos em todos os momentos do desenvolvimento de um projeto/proposta de solução.

As metodologias de **RESOLUÇÃO DE CONFLITOS**, bem como os modelos de acordos e instrumentos legais de **PROPRIEDADE INTELECTUAL**, transferência de tecnologias e licenciamentos e, mais atual ainda, a nova **LEI DE INFORMAÇÃO E DADOS**.

4.1 Áreas temas na Visão de Futuro

4.1.1 Pessoas: empreendedorismo, Inteligência Competitiva e Propriedade Intelectual: tem-se observado e já é exigência nos ambientes de busca de talentos que o perfil do profissional do futuro, este profissional que ainda não está formado, deverá ter três grandes características:

- Lidar com pessoas, como nas áreas de marketing, vendas e gestão;
- Ter criatividade nas áreas de arte e esporte;
- Condições de Resolver Problemas e soluções de conflitos com autodidatismo, controle emocional, trabalho em equipe, lógica e bom manuseio com dados.

4.1.2 Organizações: as organizações também em estudos recentes, deverão lidar muito mais com novos modelos de negócios na rede, ter Atuação na rede de informação e cuidar da Lei de Informação e Dados, Forte uso da Inteligência artificial e uma diferente relação com clientes, colaboradores, parceiros.

4.1.3 Cenário Futuro: com enorme ruptura tecnológica, visto que a Tecnologia será uma ferramenta de todos, vislumbram-se estudos de que algumas das áreas mais trabalhadas e com maior número de Soluções de Problemas deverão ser:

- Energia
- Materiais e manufatura
- Tecnologia espacial
- Nanotecnologia
- Biotecnologia
- Medicina avançada
- Neuroergonomia

5. Modelo de Governança em um AMBIENTE de Inovação

O século XXI está trazendo prospecção nos Hackathons, desenvolvendo projetos e empresas em Startups e implantando soluções na sociedade através dos Hubs de Inovação.

Isto posto, apresentamos, um decálogo de ações para as organizações que desejarem construir uma Governança de Programas de Inovação.

5.1 Decálogo de ações para a Governança de Programas de Inovação

1. Capacitar o corpo profissional e colaboradores nas dimensões da inovação, da gerência de projetos, avaliação, gestão e de modelos empreendedores, com temas que possam remeter ao aprimoramento profissional, criação de empreendimentos, intervenções inovadoras, sustentáveis e ao exercício da cidadania.
2. Difundir conhecimento técnico – científico.
3. Promover Gerentes de Projetos.
4. Potencializar a formação profissional por meio de certificação específica.
5. Potencializar a criação de times por problemas.
6. Instalar a relevância do planejamento e gestão bem como a promoção profissional e da Organização.
7. Integrar ações dos colaboradores e parceiros.
8. Integrar as ações de gestão da inovação ao fluxo operacional das atividades e Projetos.
9. Construir critérios e indicadores de inovação.
10. Gerar informações relevantes de apoio à Decisão

5.2 Política para um Modelo de Governança do Ambiente de Inovação e Startups

O modelo de Governança precisa ter uma Política de Inovação e construir objetivos macros tais como:

- orientar o planejamento das iniciativas de Pesquisa, Desenvolvimento e Inovação (PD&I);
- articular e acelerar os esforços em ciência, tecnologia, empreendedorismo e inovação, com vistas a produzir os efeitos desejados no desenvolvimento Econômico e Social;
- criar diretrizes embasadas nas leis vigentes;
- fomentar o conhecimento das pessoas envolvidas, transformando-o em riqueza, a fim de melhorar a qualidade de vida de todos;
- disseminar cultura de inovação e visão empreendedora, para mudanças de paradigma em todos os setores da economia;
- definir executor responsável por desempenhar de maneira eficiente e eficaz a MISSÃO definida na Política de Inovação do Ambiente em questão.

5.3 Missão da Política de Inovação

A Governança deve ou pode ter sua Missão definida como "Alcançar o desenvolvimento econômico e social de modo inovador, que, como consequência, imprima maior e melhor nível de qualidade de vida a nossa sociedade" e ter a Visão de "Ser o Agente de Referência em Inovação e Empreendedorismo na Região".

5.4 Proposição de diretrizes e ações com base nas atuais leis vigentes e em estudos:

5.4.1 Ações relacionadas a bases de conhecimento e de tecnologia para inovação

- Estimular a produção, absorção e disseminação de conhecimento e tecnologias visando o aumento da produtividade e competitividade e do gasto em PD&I;
- Promover iniciativas para manter e ampliar a infraestrutura de pesquisa no Ambiente;
- Promover iniciativas para o fortalecimento dos serviços tecnológicos ofertados pelo Ambiente;
- Ampliar a transferência de tecnologia e de conhecimento;
- Facilitar e capacitar para a Propriedade Intelectual;
- Incentivar a produção de conteúdos científicos e tecnológicos abertos e de qualidade em plataformas digitais;

5.4.2 Ações relacionadas à disseminação da cultura de inovação e visão empreendedora

- Estimular a inovação aberta;
- Promover ações para incentivar a cooperação entre as empresas do Ambiente;
- Estimular o desenvolvimento de produtos e de serviços para o mercado global;
- Apoiar ações que ampliem o universo de projetos e empresas inovadoras;
- Reconhecer e valorizar os criadores e desenvolvedores de invenções a fim de estimular jovens a empreender e inovar;
- Articular a integração de ambientes promotores da inovação;

5.4.3 Ações relacionadas a assegurar fomento à inovação

- Otimizar a alocação de recursos humanos com foco nos desafios e Hackathons estratégicos, em Ciência, Tecnologia e Inovação;
- Identificar produtos, soluções tecnológicas de alta e alta complexidade para atender os desafios estratégicos;
- Ampliar instrumentos de garantias para aquisição de crédito para inovação.

5.4.4 Ações relacionadas à ampliação da base de talentos para inovação

- Adotar uma abordagem empreendedora em todos os níveis de ensino estimulando o caráter interdisciplinar e colaborativo da inovação;
- Estimular o interesse nas áreas de Ciências Exatas, Agrárias, Saúde, Tecnologia e Engenharias, desde o ensino básico, especialmente entre os grupos historicamente sub-representados nas áreas, buscando a equidade de gêneros;
- Revisar currículos de ensino superior, promovendo uma abordagem mais prática e interdisciplinar para o desenvolvimento do empreendedorismo e da inovação;
- Induzir a aproximação da produção de conhecimentos e da formação com as universidades com as demandas do setor produtivo nacional;
- Incentivar a contratação de pesquisadores por empresas.

5.4.5 Ações relacionadas ao estímulo do desenvolvimento de mercados para produtos e serviços inovadores

- Estudar arcabouço Jurídico afim de que se permita ao Estado contratar e adquirir de *startups* levando em conta as particularidades delas;
- Buscar simplificar e agilizar a criação e o encerramento de empresas e/ou *startups* com base tecnológica;
- Estimular a ampliação do mercado de produtos inovadores de maior valor agregado;

- Incentivar a certificação de processos nas empresas;

5.4.6 Ações relacionadas ao aprimoramento e disseminação de instrumentos jurídicos para um ambiente inovador

- Elaborar instrumentos com base legal que tratem da temática de inovação
- Estimular que os instrumentos legais de inovação sejam previstos, estáveis e tragam complementaridade entre si;
- Disseminar entre os atores sobre o uso dos instrumentos legais previstos, esclarecendo-os sobre seus direitos e deveres;
- Estimular o acesso e o uso de equipamentos em parcerias com o setor privado para a inovação; e
- Pesquisar atualizações periódicas para que a legislação possa acompanhar as inovações tecnológicas.

6. Planejamento Estratégico do Modelo de Governança.

A proposta para o Modelo de Governança é ser constituído por quatro pilares:

- **Plano de Comunicação e Divulgação.**
- **Plano de Prospecção de Parceiros e Demandas. Identificar os diferentes perfis dos *parceiros e todos os envolvidos.***
- **Plano Pedagógico.**
- **Plano de Acompanhamento e Avaliação.**

6.1 Plano de Comunicação e Divulgação

O Plano de Comunicação e Divulgação deve estabelecer o processo de comunicação permanente entre os atores envolvidos. No ***PROCESSO DE COMUNICAÇÃO*** **e DIVULGAÇÃO** deve ter como referência manter a **informação atualizada, íntegra permanentemente** entre todos os atores, de todos os tipos.

Criar modelos de **comunicação interna** e **divulgação externa. Este Plano deve garantir a todos os envolvidos o completo Conhecimento das informações referentes aos projetos e todo trabalho realizado.**

6.2 Plano de Prospecção de Parceiros e Demandas

O Plano de Prospecção de Parceiros e Demandas. Deve identificar os diferentes perfis dos *parceiros e todos os envolvidos, bem suas demandas e da sociedade em geral.* Com relação aos ***PERFIS,*** torna-se mandatório que a Governança de Inovação não somente identifique os perfis de todos os envolvidos como desenvolva **estratégias específicas e seus *MODELOS*** de Acordos e Instrumentos de negociação, parcerias, trabalho em equipe, *coworking,* bem como resolução de conflitos, para cada tipo de perfil identificado, de modo a **garantir a eficiente e eficaz entrega dos resultados.**

Uma Metodologia de Prospecção como o modelo e *Hackathon*, já utilizada no tecido social atualmente, é extremante eficaz, mas também metodologias organizacionais que permitam a identificação de projetos, ideias e propostas de soluções inovadoras para problemas da Organização ou mesmo com a leitura de Inovação Aberta que formulem uma proposta que traga solução para o ecossistema como um todo. Neste modelo, a capacitação de gestores de projetos nas áreas temas de empreendedorismo, negociação, acordos de inovação , resolução de conflitos, gerência de riscos, todos esses são conhecimentos que perpassam propostas e projetos de inovação.

6.3 Plano Pedagógico

O Plano Pedagógico com um sistema de Mentoria, Aprendizagem e Aceleração baseado nas melhores práticas e concebido de modo a permitir atualização constante para o atendimento à demanda de cada momento porque passa a sociedade.

O sistema de Mentoria, Aprendizagem e Aceleração deve ser elaborado de modo a contemplar as diretrizes no que diz respeito à **promoção e disseminação do Empreendedorismo, Inovação e Gerenciamento de Projetos e Planos de Negócios.**

As Metodologias de desenvolvimento com o modelo de *startups* seguem o seguinte calendário, salvaguardados os devidos critérios definidos por cada Ambiente de Inovação.

1. Visão de negócios e mercado – primeiros modelos: Com o prazo de cerca de 1 a 2 semanas – são apresentadas as propostas de solução e qual o mercado previsto;

   Nesta etapa os mentores são todos ouvidos para compreender e entender as propostas apresentadas e conferir suas condições mínimas de viabilidade, originalidade, custo, mercado e qualidade, para promover continuidade, mudança ou extinção do projeto proposto.

2. Visão de ideias e perfis – capacitação e mentoria de empreendedorismo e inovação: por 3 ou 4 semanas, os perfis dos autores e suas ideias são redimensionadas e avaliadas com base nas propostas de solução e seus mercado.

Nesta etapa os projetos/ideias consideradas pela etapa anterior, no mínimo como viável são então mentoradas em 3 células:

- O projeto - Metodologias de elaboração de projetos, como Canvas e outras para descrever o projeto, pesquisa de mercado e condições de escala;

- Perfil do Gestor/autor/negociador com o objetivo de discutir e aprimorar o perfil do líder negociador, os tipos e abordagens da negociação, bem como as instâncias e atributos da gerência de conflitos direcionados à gestão de projetos integrados, na prática dos valores éticos, morais e solidários.

Comunidade	Valores	Missão de Projeto	Visão de Projetos
Virtude / Visão de Futuro	Oportunidade	Ameaça	Mudança
Planejamento	Liderança / Poder	Técnicas	Realização
Sabedoria	Informação	Equipe	Comemoração

Com base no quadro acima, pode-se observar a integração do líder de projeto com sua missão de coordenar pessoas, ações de projetos, negociar com colaboradores, planejar campanha de marketing com todo seu time de projeto. Neste quesito, segundo Diva Lucena,95, *"Profissional depende menos da Tecnologia e mais de sua Visão para usá-la com eficácia e criatividade"*.

- Capacitação para o pitch

O pitch que é uma apresentação oral e sumária de 3 a 5 minutos, onde se deve **FALAR TUDO E FALAR POUCO** com objetivo de despertar o interesse da outra parte (**CONQUISTAR** investidor ou cliente) pelo seu negócio, assim, deve conter apenas as informações essenciais e diferenciadas, que permitam **COMPREENSÃO.**

O pitch deve pode tanto ser apresentado apenas verbalmente quanto ilustrado por 3 a 5 slides.

Nesta etapa devem responder as questões:

1. Qual é a **oportunidade.**
2. O **Mercado** que irá atuar.
3. Qual é a sua **solução**.
4. Seus **diferenciais**.
5. O que está buscando.

O que realmente importa é conquistar o ouvinte e ter a sua atenção. É preciso criar a curiosidade, gerar confiança, propor a solução de um problema que a ele aflige, apresentar os benefícios e possibilidades de custo plausível

3. Construção do MVP – Mínimo produto viável: por 2 ou 3 semanas a capacitação e mentoria para a elaboração do MVP com vistas a avaliação da banca e validação de projeto;

Nesta etapa os projetos/ideias já devem estar modelados como proposta de uma solução de Problema para a Sociedade com escopo, prazo, custo e qualidade preparados para uma configuração de PITCH na etapa seguinte.

4. Pitch – Capacitação para apresentação de PITCH : por 1 semana o treinamento na elaboração do PITCH para apresentação na banca de avaliação de projeto e de investidores;

Nesta etapa os projetos/ideias já devem estar prontos para Preencher o Pitch com as questões necessárias e conhecimento dos clientes, investidores e os instrumentos que garantam as possibilidades de acordos.

5. Correção de rumos - mudanças/confirmação e atualizações: por 1 semana a mentoria para realização das mudanças/confirmação e atualizações recebidas na apresentação do PITCH;

Nesta etapa os gestores devem estar preparados para correção de rumos, com base nas considerações das bancas de avaliação de proposta e reavaliar as condições de clientes, investidores e os instrumentos que garantam as possibilidades de acordos.

6. Acordos e negociações – elaboração de instrumentos: por 1 semana a mentoria e o treinamento na elaboração dos possíveis acordos e reuniões de negociação com parceiros, colaboradores e/ou investidores;

Nesta etapa acontecem as finalizações dos acordos e suas assinaturas e comemorações, alinhados com novo ciclo de vida de atualização e busca de novos ambientes e soluções.

6.4 Plano de Acompanhamento e Avaliação

O Plano de Acompanhamento e Avaliação com um **Sistema de monitoramento e de avaliação.** O processo de Inovação sugere riscos que devem ser estudados à luz de que prioridades devem ser consideradas, como impactos, custos de implementação e seus resultados. Desta forma torna-se de extrema relevância um processo de *Priorização das Ações* com base nos indicadores de sucesso e resultados que possam gerar.

O Sistema de monitoramento e de avaliação tem por objetivo identificar a necessidade de mudança de rumos, aprimoramentos e correções nas ações realizadas, de modo a alcançar as metas definidas e/ou realinhá-las, com a elaboração de planos de revisão para cumprimento de objetivos preestabelecidos.

O sistema de monitoramento e avaliação deve contemplar a definição dos indicadores-chave que permitam o monitoramento, diagnósticos e avaliação das implementações e do progresso das ações realizadas, garantindo que as metas sejam atingidas, de modo eficiente e eficaz.

O sistema de monitoramento e avaliação deve eleger ou elaborar uma **metodologia de construção de indicadores e o processo avaliativo.**

Tal metodologia deve incluir:

- para cada objetivo, as categorias de análise para avaliação e aspectos de avaliação com nível de atendimento às metas.
- a elaboração de relatórios periódicos de desempenho com base em indicadores gerados nas avalições de resultados e impactos.
- os processos e mecanismos de monitoramento e avaliação pelos quais se pretende aferir o alcance dos objetivos desejados.

7. Estrutura para um Modelo de Governança de Inovação

Estrutura para um Modelo de Governança de Inovação deve assumir o importante papel de protagonismo na Inovação e deve/pode ser constituído por:

a. Comitê Gestor;
b. Coordenador Geral;
c. Câmara Técnica de Inovação;
d. Coordenação Acadêmica, Científica e de Avaliação.

7.1 Compete ao Comitê Gestor:

I. fazer cumprir as diretrizes e políticas do Ambiente;
II. coordenar a estrutura organizacional-financeira, autossustentável e autofinanciada;
III. Implementar o planejamento estratégico que vise o desenvolvimento das ações previstas na Política de Inovação;

IV. articular técnicas de harmonização e organização entre os diferentes parceiros;
V. fomentar avanços, visando eficácia, eficiência e efetividade na realização de suas funções.

7.2 Compete ao Coordenador Geral:

I. coordenar e supervisionar as atividades baseadas nas diretrizes definidas pelo Comitê Gestor;
II. assessorar todos os envolvidos em relação à pesquisa, desenvolvimento e inovação em matéria de sua competência;
III. representar o Ambiente em suas relações internas e externas;
IV. convocar e presidir as reuniões do Comitê Gestor.

7.3 Compete a Câmara Técnica de Inovação:

I. zelar para que os objetivos do Ambiente sejam integralmente respeitados em seus princípios morais e éticos no Cumprimento da Política Estadual de Inovação;
II. atender as demandas advindas do Comitê Gestor e do Coordenador Geral, mediante pareceres;
III. servir de mediador em situações que envolvam conflitos de interesses relacionados ao Ambiente e suas empresas.

7.4 Compete a Coordenação Acadêmica, Científica e de Avaliação.

I. estabelecer a interlocução entre todos os envolvidos e o conteúdo do Plano pedagógico;
II. planejar e desenvolver ações que gerem uma mudança de comportamento em relação à pesquisa e inovação por parte da comunidade científica que atuam no Ambiente;

III. prospectar novas linhas de pesquisa que estejam alinhadas aos interesses do Ambiente;
IV. levantamento, cadastro e atualização das linhas de pesquisa, pesquisadores e grupos de pesquisa em temas de interesse percebido pelo Ambiente;
V. mapear potenciais parcerias internas e externas;
VI. gerenciar o sistema de monitoramento e avaliação;
VII. executar outras atividades que lhe sejam atribuídas.

8. Metodologias Adicionais na Disseminação e Gestão da Cultura de Inovação e do Empreendedorismo.

1. **Metodologia para Construção de Indicadores e Avaliação**
2. **Metodologia de Gestão de Projetos, alinhada às Práticas do PMI**
3. **Metodologia Canvas**

Ferramenta visual e colaborativa que tem como objetivo simplificar a comunicação e facilitar o entendimento do projeto; apresenta os projetos em uma única página para compartilhar, resolver, conceber e integrar as ideias e as propostas promovendo inovação e convergência na organização.

4. **Metodologia DIPT** – **D**isseminação da cultura de inovação, empreendedorismo e propriedade intelectual, **I**dentificação de potencialidades inovadoras, **P**roteção dos ativos identificados e **T**ransferência da tecnologia e conhecimento gerados.

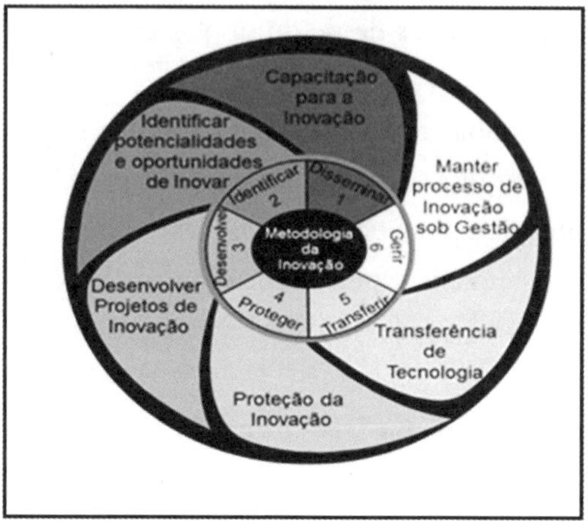

A **DIPT** se realiza em 6 etapas para o desenvolvimento de projetos e processos de inovação, conforme apresentado na Figura acima e suas etapas constituintes, adequadas e customizadas de acordo com cada projeto e utiliza, também, a metodologia científica (Silvia vergara,2000), a metodologia de Conhecimento Robusto (Ritto,2004), para a Tecnologia Social e as metodologia A3 e DIA,(Carvalho, MB,2009) para avaliação e Construção de Indicadores.

Desenvolvimento das etapas da metodologia DIPT:

1 Disseminar	• Pesquisa-Ação para capacitação de Pessoas do Universo definido em Inovação e identificar oportunidades para investir em inovação. • Promover capacitação específica para os segmentos identificados. • Definir Metas.
2 Identificar	
3 Desenvolver	• Promover Capacitação • Elaborar Projetos

4 Proteger 5 Transferir	Seminário para colaboradores, parceiros e investidores em Busca Prévia de ativos em bancos públicos e periódicos. Seminário de Contratos e licenciamentos.
6 Gerir	Acompanhamento do Processo e etapas de inovação com geração de Relatórios de Progresso, indicadores de inovação e Relatório Final. Avaliação e Construção de Indicadores.

Conclusão

O início é sempre desconhecido, situação própria para tudo que é novo. Assim, projetar solução é sempre um risco e inovar é mais ainda. Contudo o novo se difere pela facilidade de encantar. No mínimo curiosidade ele cria.

É encantador estudar inovação, empreendedorismo e gestão. Mais ainda quando conseguimos encantar pessoas e solucionar problemas quando muitos consideravam quase impossível de resolver. Esta é a maior façanha do inovador. Era impossível. Sim, o verbo está no tempo certo. ERA!

Neste sentido e neste cenário, com crise e muitas oportunidades, foi possível conquistar pessoas, criar soluções, lançar projetos e no meio do Caos nasceram oportunidades. Com este projeto, o trabalho e o estudo conceberam metodologias e estratégias confirmadas em muitos anos de pesquisa, desenvolvimento e realizações, mas, atualmente, com projetos na UERJ, e licenciamentos desta casa para a Sociedade do Rio de Janeiro. Assim sendo, pode-se concluir, para começar, que a Inovação está instaurada na Sociedade e na Academia com metodologias e estratégias de desenvolvimento e articulação de Produtos, projetos e serviços da Academia para a Sociedade e na Sociedade entre seus pares, com apoio da Academia.

Referências

Abed – Boletim/Anoiii/No. 5/98 - Galáxia

Aline Cataldi,PUC,2013 – Educação Emocional: trabalhando a Inteligência Emocional.

Anne Miller .A Arte de Vender Ideias - Como Acabar com a Resistência a Criatividade e a Inovação – 2010 – Ed. Unicamp – Campinas - SP

AZNAR, Guy. Ideias: 100 técnicas de criatividade. São Paulo: Summus, 2011.

BARBIERI, José Carlos. Gestão de ideias para inovação contínua. Porto Alegre: Bookman, 2009

Barbosa, Denis Borges. Uma Introdução à Propriedade Intelectual. 2a. ed. LUMEN JURIS. 2003.

Basso, Maristela. "O Direito Internacional da Propriedade Intelectual". Livraria do Advogado. 2000.

BASTOS, Cleverson. Aprendendo a Aprender. Introdução à Metodologia Científica. Ed. Vozes, Petrópolis, 1995.

Bittar, Carlos Alberto. Direito de Autor. Forense Universitária. 2000.

Bom Angelo, Eduardo. Empreendedor Corporativo. RJ.Ed.Elsevier.2003

BROWN, Tim. Change by design. New York: Harper Collins, 2009

Campos, Vicente Falconi. Controle de Qualidade Total (No Estilo Japonês),

Cfco - 4ª Edição - Minas Gerais -1992.

CARVALHO, Marinilza Bruno de; DIAS, José Carlos Vaz; RITTO, Antonio Carlos de Azevedo. Gestão da Inovação nas ICTs. Rio de Janeiro: Pode, 2011

Cassio SpinaCassio A. Spina Anjos do Brasil e autor do livro "Investidor-Anjo – Guia Prático para Empreendedores e Investidores". https://endeavor.org.br/dinheiro/como-elaborar-um-pitch-quase-perfeito/11-11-19

Cerqueira, João da Gama. "Tratado da Propriedade Industrial". Revista dos Tribunais. Vol. 1. 2ª edição. 1982

Chesbrough, Henry. Open Innovation: The New Imperative for Creating and Profiting from Technology, Boston: Harvard Business School Press, 2003.

Christensen, Clayton M. e Raynor, Michael E, The innovator's solution; O crescimento pela inovação: Como crescer de forma sustentada e reinventar o sucesso – Tradução de Serra, Afonso C.C – Elsevier – RJ - 2003

CORAL, Eliza OGLIARI, Andre ABREU, Aline França de. Gestão Integrada da Inovação. São Paulo: Editora Atlas, 2011

Dannemann, Siemsen, Bigler & Ipanema Moreira. "Propriedade Industrial no Brasil". Editora Renovar. 2001

DAVILA, Tony EPSTEIN, M. SHELTON, R. As regras da inovação. Porto Alegre: Bookman, 2007

Decreto nº 2.553, de 16.04.98

Di Blasi et al. "Propriedade Industrial". Editora Forense. 2000.

Direito Autoral - MINC – BR – 1988

DRUCKER, Peter. E-DUCAÇÃO. Exame 690/ 14jun00.

Francisco Rodrigues Gomes. Livro Sobre Inovação. O Caso Sandálias Havaianas® através do Modelo D.E.I: Aplicação do Modelo D.E.I - Difusão de Inovações, Estratégia e a Inovação [internet]. Versão 20. Knol. 2010 jun 5. Disponível em: http://knol.google.com/k/francisco-rodrigues-gomes/livro-sobre-inovação-o-caso-sandálias/11trgj5ebxv6a/2

GALVÃO, Marcelo. Mente Criativa. 2 ed. Rio de Janeiro: Qualitymark, 1999

Goleman, Daniel. Inteligência Emocional. 1995.Beluga. Barcelona.

Guia de Referência da Propriedade Intelectual – RJ - UERJ- 2002

KELLEY, Tom. The ten faces of innovation. USA: Doubleday, 2005

KIM, W. Chan MAUBORGNE, Renee. Estratégia do Oceano Azul. 20 ed. Rio de Janeiro: Elsevier, 2005.

KOTLER, Philip TRÍAS DE BES, Fernando. A Bíblia da inovação. São Paulo: Texto Editores, 2011.

Lei nº 9.279, de 14 de maio de 1996

Londres,L.R. temos que voltar a Medicina Antiga. Jornal o Globo. RJ;9/6/2013.

http://oglobo.globo.com/saude/temos-que-voltar-medicina-antiga-8623572

Longo, Waldimir Pirró- Seminário UERJ-IME – Educação Continuada – 1996.

LUBART, Todd. Psicologia da Criatividade. Porto Alegre: Artmed, 2007

Lucena, Maria Diva Da Salete. Avaliação De Desempenho. Atlas. São Paulo,1992.

Manual de registros de Obras Intelectuais – Biblioteca Nacional – RJ – 1988

Marcovitch, J. Tecnologia Da Informação E Estratégia Empresarial. São Paulo, Fea/Usp, 1996.

Matos, Francisco Gomes De. Empresa Feliz. São Paulo, Makron Books, 1996.

MATOS, Henrique Cristiano José. Aprenda a estudar: Orientações metodológicas para o estudo. Petrópolis, RJ: Vozes, 1994.

Minto, Bárbara. O Princípio da Pirâmide. São Paulo, Makron Books, 1991.

OSTROWER, Fayga. Criatividade e Processos de Criação. 25ª ed. Rio de Janeiro: Editora Vozes, 1977

PETERS, Tom. O círculo da inovação. São Paulo: Harbra, 1998

PLATT, Lewis. Aprendendo a assimilar mudanças. HSM Management 2, Mai./jun. 1997

Popcorn, Faith. O Relatório Popcorn - Centenas de Ideias de Novos Produtos, Empreendimentos e Novos Mercados – Editora Campus -Rio De Janeiro - 1993

Porter, M.E., Vantagem Competitiva, Editora Campus, Rio De Janeiro, 1990.

Ritto, Antonio Carlos. Organizações Caórdicas – Modelagem de Organizações Inovadoras. Ed. Ciência Moderna, RJ. 2005.

ROSA, Sanny S. da. Construtivismo e Mudança. S.P: Cortez, 1994

SALOMON, D. V. Como fazer uma monografia. São Paulo: Martins Fontes, 1994.

Salvo, Maria Paola de; Cavalcanti, Ulisses. Inovações automotivas podem nascer de foguetes, aviões e até do olhar de filósofos. Revista Quatro Rodas, 10/05/2013. RJ.

Schroeter, J. Palestra - Seminário Informação E Democracia. Columbia / Eua - 1998.

Senge, P.M., A Quinta Disciplina, Editora Best Seller, São Paulo, 1990.

SEVERINO, A. J. Metodologia do trabalho científico. São Paulo: Cortez, 1994.

Silva, Lourença Francisca da e Carvalho, MB - Série- Cadernos Repict - Volume 1 – Junho/2003

Silva,Francisco O. - O Direito Autoral no Brasil – RJ – Cruz /Braga - 1966

TIDD, Joe BESSANT, John PAVITT, Keith. Gestão da Inovação. 3 ed. Porto Alegre: Bookman, 2008.

Viegas, Juliana – Nova Cultura – Seminário da Ompi – 2000 – S.P.

A Fenomenologia da Consciência do Śuddha Yoga: ciência, espiritualidade, meditação e o surgimento de um novo paradigma

Profº. José Rubens Turci Júnior

Introdução

O presente capítulo retoma e aprofunda a discussão sobre a fenomenologia da consciência que caracteriza o puro (śuddha) Yoga revelado por Krishna à Arjuna na *Bhagavad Gītā* (TURCI, 2007a; 2007b; 2008a; 2008b; 2009; 2010; 2011 e 2015). O texto reflete sobre a teoria de verdade presente na *Bhagavad Gītā (referida aqui como Gītā)* e estabelece, de maneira livre, um paralelo entre a ciência moderna, fundada na objetividade do método científico e a espiritualidade, enraizada na subjetividade da disciplina da mente e da práxis contemplativa. Inicialmente, a *Gītā* é introduzida em seu contexto no *Mahābhārata*. Em seguida, discute-se a teoria de verdade que surge do diálogo da Gītā e como ela fundamenta o estabelecimento de um novo paradigma científico. Por fim, considera-se como este novo paradigma, que se funda na arte e na ciência da meditação, atende à natureza material e espiritual de todos os fenômenos e promove a reunificação da ciência e da espiritualidade.

O pressuposto fundamental de toda a discussão é a tese de que o Śuddha Yoga não necessita ser compreendido como uma mera doutrina religiosa. A *Gītā* não é sectária, nem doutrinária, tendo servido de base, inclusive, tanto para a formulação da moderna ciência socioambiental (NAESS, 1986), como para o gradual estabelecimento da arte e da ciência da meditação, conforme veremos. De acordo com a *Gītā*, disciplinar a mente significa conseguir que esta abandone o seu funcionamento predominantemente egoísta, materialista (*guṇa-para*), simbolizado na metáfora do barco, presente no verso sessenta e sete do segundo capítulo, e adote um modo de ser espiritualista (*ātma-para*), não egoísta, fundado nas intuições e sentimentos superiores do sagrado coração, conforme sugere a metáfora da tartaruga, presente no verso cinquenta e oito do mesmo capítulo. O verso BhG 2.67 diz, em suma, que a mente que se influencia pelos sentidos é como um barco sem rumo, ao sabor dos ventos. O verso BhG 2.58 afirma que assim como uma tartaruga recolhe todos os seus membros para dentro do casco, assim também o aspirante é capaz de recolher os seus sentidos dos objetos dos sentidos, firmando-se, deste modo, na sabedoria que emana do imo do sagrado coração. Sem esta escuta da realidade a partir do coração, a mente racional e os cinco sentidos comportam-se como um barco sem bússola e à deriva, ao sabor das ondas.

A *Gītā* estabelece a sua filosofia da mente segundo os quatro pilares básicos em que se assenta a discussão sobre o processo de inversão do funcionamento do ser de *guṇa-para* para *ātma-para*: (a) a natureza da meta; (b) a disciplina que nos faz convergir para esta meta; (c) os pré-requisitos e as qualidades necessárias; e (d) a forma de engajamento no mundo. Cada um destes quatro pilares aparece, com maior ou menor ênfase, em praticamente todos os sistemas metafísicos e tratados religiosos do mundo[59]. Na *Gītā*, Arjuna (príncipe representante da classe político militar e espécie de arquétipo da condição humana) escuta de Krishna (príncipe guerreiro e arquétipo da divindade em forma humana) como desenvolver o poder de disciplinar a sua mente, possibilitando que a razão se oriente pela luz dos sentimentos superiores do sagrado coração.

De acordo com a *Gītā*, tudo começa pela escuta do sagrado coração[60]. O texto desenvolve-se entre a recusa inicial e o aceite final de Arjuna ao convite de

[59] No budismo, por exemplo, esses pilares tomam a forma das Quatro Nobres Verdades, enunciadas no primeiro sermão do Buda, logo após a sua iluminação.

[60] Há uma metáfora atribuída por alguns ao líder religioso Sai Baba que diz, em linhas gerais, o seguinte: Se uma porta está trancada e você deseja abrí-la, você deve colocar a chave dentro da fechadura e girá-la no sentido anti-horário. Se você girar a chave no sentido contrário, a fechadura permanecerá trancada. O segredo está na forma como você gira a chave. Seu coração é a fechadura e a sua mente, a chave. Se girar a mente para Deus no coração (Ātman), você obtém a liberação. Se girá-la para o mundo exterior, você permanece na escravidão. É a mesma mente que é responsável por ambas, a liberação e a escravidão.

Krishna para que ele renunciasse, tão somente, ao fruto das ações necessárias e jamais à ação ela mesma. Tal qualidade de renúncia (*saṁnyāsa*) constitui a marca característica do funcionamento ātma-*para* (orientado pelo sentimento intuitivo do sagrado coração sobre a realidade numênica), por oposição ao funcionamento *guṇa-para* (orientado pelas aparências da realidade fenomênica) caracterizado, tanto pela omissão das ações necessárias, como pelo apego ao fruto das ações em geral. O funcionamento ātma-*para* revela a própria vida como um *guru*; ou seja, revela o próprio plano existencial onde estamos inseridos como o maior de todos os mestres. O funcionamento *guṇa-para*, por sua vez, contempla a omissão e o escapismo[61]. Conforme Krishna explica, uma vez que compreendemos como a vida reage à nossa atuação no processo do mundo, revelando a si mesma em sua sacralidade, toda ação torna-se um aprendizado e uma oportunidade de comunhão com o sagrado. Esta é, em síntese, a essência do seu ensinamento a Arjuna. Há nas antigas Escrituras Sagradas e na filosofia do ocidente, igualmente, muitas passagens com referências similares a esta sobre o modo de ser e estar no mundo, segundo as leis da realidade numênica, acessíveis ao sagrado coração. Salomão, por exemplo, quando se encontra com Deus em seu sonho, pede um coração que saiba escutar a vida e o sagrado que a constituem (Re 3:4-15).

I. A natureza da meta: a *Bhagavad Gītā* no *Mahābhārata*

Parte essencial da narrativa maior do épico *Mahābhārata* (aproximadamente 100.000 versos), os setecentos versos da *Gītā* constituem, muito provavelmente, a primeira reportagem de guerra em tempo real de que se tem notícia (TURCI, 2007b). O episódio da *Gītā* representa a reportagem feita ao rei cego Dhṛtarāshtra em seu palácio sobre os fatos que estão se passando no campo de batalha, instantes antes do seu início. A importância da *Gītā* deve-se ao fato dela

[61] Arjuna manifestara, no início do segundo capítulo da *Gītā*, seu desejo de abandonar a vida em sociedade e viver de esmolas, como um renunciante (*saṁnyāsin*). "Melhor viver de esmolas que matar a esses preceptores de elevado espírito," afirma no quinto verso. Krishna esclarece, no verso cinquenta, que Yoga é maestria nas ações (*yogaḥ karmasu kauśalam*), não se confundindo, portanto, com escapismo. O verdadeiro sentido de renúncia (*saṁnyāsa*) não contempla a omissão às ações necessárias (como entendia Arjuna), mas apenas o desapego em relação aos seus frutos.

registrar o diálogo que restabelece os fundamentos perdidos da ancestral arte e ciência da meditação, conforme praticada pelos antigos sábios da tradição védica (*Ṛṛis*). O diálogo de coração-a-coração (*saṁvāda*) ocorrido entre Krishna e Arjuna revela como este recupera e apura a disposição mental conhecida como śraddhā[62] para poder superar o seu funcionamento *guṇa-para*, fundado em sua visão de mundo de base ainda materialista e ilusória, e alcançar o funcionamento ātma-para, fundado no coração. Este funcionamento, fundado em śraddhā, possibilita a superação de toda a dor causada pelo entendimento superficial da realidade dual, caracterizada por todos os pares de opostos. *Śraddhā* representa a bússola interior que acompanha o movimento do amor e da verdade, podendo ser considerada como a principal categoria conceitual para explicar como o pensamento humano evolui mudando de um paradigma para outro.

No *Mahābhārata*, no momento que antecede o início da *Gītā*, Krishna pede a Arjuna que entoe o Hino a Durgā. "*Dur-gā*" nomeia aquele aspecto do sagrado feminino que nos auxilia a transpor (*gā*) as dificuldades (*dur*) aparentemente intransponíveis. Durgā corresponde à deusa Śraddhā do *Ṛg Veda*[63] (X, 151). É neste aspecto que ela reside no coração de todos os seres, simbolizando o despertar da beatitude (ānanda), que ocorre durante as revelações e as epifanias. O contexto maior do *Mahābhārata* facilita a compreensão do sentido e da centralidade de śraddhā na *Gītā* (TURCI, 2007a). Ao longo de todo o *Mahābhārata*, o tema da morte e os ritos funerários, ou ritos de *śrāddha* (acento longo no primeiro "a"), estão sempre presentes, fazendo do elo entre o substantivo *śraddhā* (acento longo

[62] "Śrad-dhā" significa, literalmente, sentir e considerar (*dhā*) a partir do Espírito que habita o coração (śrad).

[63] O termo *śraddhā* aparece em dezesseis hinos do *Ṛg Veda.* Em algumas passagens o termo pode ser entendido como "engajamento entusiasmado", "lealdade", "dedicação", "confiabilidade" e "credibilidade", mostrando que *śraddhā* representa a base de todas as ações virtuosas e que a sua ausência seria a marca característica das hostes do mal. Em outras passagens *śraddhā* aparece como a filha do deus Sol. Nesse caso, a personificação sugere que *śraddhā* significa aquele estado de entusiasmo, contentamento e confiança que o praticante demonstra ter no cerimonial ritualístico. Śraddhā, afirma o texto, desperta Agni (deidade do fogo, fogo interior) no coração. Todas as ações ritualísticas são realizadas por meio de Śraddhā. Estar possuído por *śraddhā* significa colocar todo o coração e espírito na execução de todas as ações de forma ritualística.

no segundo "a") e o adjetivo *śrāddha* a espinha dorsal do épico. Quatro grandes capítulos, incluindo-se aí o *Bhīṣma-parva* (capítulo sobre Bhīṣma) onde a *Gītā* está inserida, se centram, respectivamente, nas mortes ritualísticas dos generais de guerra Bhīṣma, Droṇa, Karṇa e Śalya. Desde o primeiro estudo em língua ocidental sobre os ritos de *śrāddha*, realizados por D. Urquhart (1857), já se insinuava esta ligação entre o substantivo *śraddhā* e o adjetivo *śrāddha*, cunhado para qualificar os rituais cujo componente essencial é *śraddhā*. A obra gigantesca de Kane (1968-1977) deixa claro que *śrāddha* deriva de *śraddhā*. Desde Maxmüller esse vínculo teológico entre *śraddhā* e *śrāddha* aparece de forma mais ou menos clara. Shastri (1963) lembra que Maxmüller enfatiza o fato de *śraddhā* ser parte essencial dos rituais funerários, nomeados ritos de *śrāddha*. Uma cuidadosa análise dos ritos de *śrāddha*, portanto, nos remete à compreensão de *śraddhā* como a força interior e o fervor demandado dos familiares nesses ritos funerários. Parece estar nesta relação entre *śraddhā* e *śrāddha*, inclusive, a origem daquilo que hoje se entende por religião. Simbolicamente, o fogo (*agni*), como o mediador entre as esferas do humano e do divino, carregaria, por meio do ato crematório, as oferendas e o próprio espírito para o mundo do além, onde o falecido receberia um novo corpo e se reencontraria com os seus ancestrais.

A novidade do *Mahābhārata*, em relação à tradição védica, está precisamente no episódio da *Gītā*, onde Krishna faz o convite para que Arjuna recupere a sua śraddhā, resgatando, deste modo, a cultura do ancestral Śuddh*a Yoga*, que havia se perdido e que se funda na tese da síntese das duas grandes seções dos *Vedas*, conhecidas respectivamente como *karma-kāṇḍa*, ou seção ritualística, e *jñāna-kāṇḍa*, ou seção do conhecimento especulativo. A tese sobre esta postura superior (*upāsana*), de síntese dos opostos, proposta no Śuddha Yoga, é conhecida como *jñāna-karma-samuccaya-vāda* – a tese (*vāda*) sobre a via (*mārga*) de síntese (*samuccaya*) que unifica (1) a via da ação (*karma-mārga*), fundada na maestria ritualística da tradição bramânica e (2) a via da "não ação", ou do conhecimento (*jñāna-mārga*), fundada na superação do estado de ignorância do ser por meio exclusivo do pensamento especulativo. Krishna vale-se do conceito de śraddhā para dar assento à síntese (*upāsana*) destas duas vias, até então compreendidas como mutuamente exclusivas, conforme o próprio argumento inicial de Arjuna deixa transparecer. O Śuddha Yoga revelado por Krishna permite a Arjuna superar este seu entendimento limitado e decidir-se pela *jñāna-karma-samuccaya-vāda*. Se a *Gītā* tem início com Arjuna insistindo em renunciar à via da ação e afirmando o seu desejo de seguir o *kevala-sāṁkhya*, ao longo do diálogo, Krishna o convence da superioridade do śuddha *sāṁkhya*, expresso na *jñāna-karma-samuccaya-vāda*[64].

O Śuddha Yoga revelado na *Gītā* aprofunda e radicaliza a discussão em torno das três aspirações humanas (*puruṣārthas*) características da vida em sociedade (*karma-mārga*) – ou seja, a busca por segurança (*artha*), pela virtude (*dharma*) e pelo prazer (*kāma*) – com aquela característica da vida do renunciante (*jñāna-mārga*), ou seja, a busca da libertação espiritual e da realização suprema (*mokṣa*). A *Gītā* retoma, deste modo, as principais discussões do *Mahābhārata*, que pode ser entendido como o maior e mais importante discurso sobre os quatro *puruṣārthas*, constituindo-se como um tratado (*śāstra*) sobre: (1) o princípio universal de sustentação do universo (ātma-dharma-śāstra); (2) a arte de governar a si mesmo e de relacionar-se em grupo (*artha-śāstra*); (3) a natureza do desejo (*kāma-śāstra*), e (4) a via da realização humana (*mokṣa-śāstra* e *brahma-prāpti*).

II. A natureza da meta e a teoria de verdade da *Gītā*

A epistemologia de que se vale Krishna na *Gītā* deriva da milenar filosofia do *sāṃkhya*, segundo a qual a matéria possui três qualidades básicas, denominadas, respectivamente, *sattva* (harmonia e equilíbrio), *rajas* (movimento e paixão) e *tamas* (inércia e indolência). Segundo o *sāṃkhya*, em cada situação da vida de um

[64] O Śuddha Yoga continua sendo praticamente ignorado pelos especialistas contemporâneos em função das críticas do grande filósofo indiano Shankara (séc. VIII), que, como se sabe, era defensor da *jñāna-mārga*, também conhecida como *kevala-sāṁkhya*, ou a via exclusiva do conhecimento. O comentário de Shankara à *Gītā* nada mais representa que uma estratégia de desqualificar a *jñāna-karma-samuccaya-vāda*. Vale conferir esta discussão e, em especial, os argumentos que Shankara apresenta, na glosa ao verso BhG 18.17, quando procura minimizar o fato de Krishna estar pedindo à Arjuna para não renunciar à via da ação.

indivíduo, dependendo do estímulo interno do espírito, predomina uma dessas três qualidades. Por isso, os indivíduos também podem ser classificados, em conformidade com as suas inclinações, como *sáttvicos*, *rajásicos* e *tamásicos*. Os três *guṇas* são os responsáveis pela produção de todos os pares de opostos da realidade fenomênica deste mundo dual: afeto e aversão; prazer e dor; amizade e inimizade, etc. Estas três qualidades (*tri-guṇas*) da realidade material não existem isoladamente, em forma pura, mas sempre conjuntamente, com uma predominando sobre as outras duas e compondo todo o espectro, tanto da realidade subjetiva, como objetiva. Em termos simples, o predomínio de *sattva* denota o estado harmonioso e equilibrado entre matéria e espírito, característico do funcionamento ātma-para. O predomínio de *rajas* ou de *tamas* caracteriza o funcionamento *guṇa-para*. O *guṇa sattva* é indicativo da presença e predominância do princípio inteligente e espiritual, tanto quanto os *guṇas tamas* e *rajas* o são da influência e predominância do princípio material e do consequente estado de sujeição do espírito à matéria. *Sattva* representaria a harmonia; *rajas*, o estado dinâmico e explosivo, típico daquilo que é colorido pela paixão; e *tamas*, o estado obscuro, pesado e inerte, característico daquilo que é opaco e sem luz. Deste modo, a śraddhā tamásica pode traduzir-se, por exemplo, nos fenômenos do fundamentalismo religioso; a śraddhā rajásica, naqueles outros ocasionados pela fé apaixonada e em descompasso com a razão; e a śraddhā sáttvica, que é o objeto central da *Gītā*, pela sintonia com as intuições superiores do espírito e confiança na certeza científica.

Śraddhā emana de nós em conformidade com o nosso entusiasmo, a nossa energia vital e os distintos padrões de comportamento e estados mentais que nos definem a cada momento em função dos três *guṇas*. Para ilustrar como os três *guṇas* modulam a intensidade e a qualidade da nossa śraddhā, tomemos um exemplo emprestado da linguagem musical. Se considerarmos o corpo humano como um violão onde o coração representa as suas cordas, os três *guṇas*, *tamas*, *rajas* e *sattva* seriam, respectivamente, o ritmo, a melodia e a harmonia. A linguagem musical, a linguagem poética, a linguagem científica e a língua falada podem ser entendidas como expressões da energia cósmica (*brahma-śakti*), que o espírito imprime na matéria sob a forma de śraddhā. A música, a literatura e mesmo os diálogos têm o poder de nos tocar, fazendo-nos vibrar em sintonia com eles, atualizando a nossa śraddhā e regulando, inclusive, o ritmo da nossa respiração. O ritmo da respiração, conforme já observado pela ciência, influencia o próprio ritmo cardíaco, contribuindo para gerar estados de mais ou menos calma e paz. Deste modo, pode-se dizer que as distintas composições de cada linguagem representam os mais variados modos de predominância *tamásica*, *rajásica*, ou *sáttvica*, segundo os quais a śraddhā reverbera em nossos corações.

Decorre do texto da *Gītā*, em suma, o entendimento de que as três modalidades de śraddhā (*sáttvica*, *rajásica* e *tamásica*) abarcam todas as nuances das verdades menores e provisórias, estabelecidas a partir de modelos da ciência, ou segundo as distintas crenças religiosas. De acordo com a *Gītā*, verdade relativa de cada pessoa expressa a sua śraddhā. E é por isto que se pode dizer que a razão, sem o auxílio do coração, não é capaz de nos conduzir às verdades superiores. Embora o nível mais inorgânico da realidade possa ser conhecido por meio dos sentidos e do raciocínio lógico, o mundo orgânico contém segredos acessíveis apenas ao sentimento intuitivo, que surge quando se alcança, em estado de contemplação ou meditação profunda, os níveis mais elevados da śraddhā sáttvica. A espiritualidade pura define-se por esta modalidade de śraddhā, que ilumina e maximiza o funcionamento da razão. É o amoroso sentimento intuitivo, que brota do coração, e não da razão, que traz a perspectiva holística e sistêmica da vida como um todo. A ausência deste sentimento de amor e compaixão, contudo, revela a natureza *rajásica* ou *tamásica*, da śraddhā que se traduz, então, na fé cega, no fundamentalismo, no ódio e no dogmatismo exacerbado.

É um fato bem conhecido que a separação radical, ocorrida no ocidente, entre as esferas da teologia e da filosofia teve por objetivo principal salvaguardar os dogmas de fé Igreja Católica. O surgimento da ciência moderna representou uma séria ameaça às crenças bíblicas. Esta ameaça só foi parcialmente superada quando os doutores da Igreja conseguiram separar as verdades irrefutáveis da razão científica das "meias verdades" postuladas pelo clero. Desse modo, a separação artificial promovida pela Igreja entre as verdades oriundas da luz natural da razão e aquelas oriundas da luz do coração foi uma consequência direta da refutação científica de alguns dogmas, que colocaram em risco todo o edifício da Igreja.

III. *Śraddhā* como a condição *sine qua non* da disciplina da mente da *Gītā*

O termo "śraddhā" ocorre vinte e uma vezes ao longo da *Gītā*, oito vezes no capítulo dezessete, onde śraddhā aparece como a propriedade constitutiva e definidora dos seres e, em sua modalidade *sáttvica*, como a condição *sine qua non* do critério universal de verdade. São as seguintes as ocorrências no texto da *Gītā*:

(1) (BhG 3.31). [Krishna:] Aqueles que, plenos de *śraddhā* e sem ceder às baixas inclinações, praticam esta minha disciplina, alcançam a liberação da escravidão através de suas ações.

(2) (BhG 4.39). [Krishna:] Quem possui *śraddhā* alcança a sabedoria. Sendo devoto desta sabedoria e controlando os sentidos, alcança-se um estado de compreensão que conduz à paz suprema.

(3) (BhG 4.40). [Krishna:] Entretanto, o ignorante, por não possuir *śraddhā* e estar com *Ātman* (Ser, Espírito) adormecido, é levado à destruição. Para aquele cujo *Ātman* encontra-se adormecido, não há felicidade, nem neste mundo nem no outro.

(4) (BhG 6.37). [Arjuna:] Qual o destino daquele que, embora possua *śraddhā*, não tem ainda controle sobre as suas inclinações, de modo que sua mente se desvia do [śuddha] *yoga* e, em consequência, sua prática não é perfeita?

(5) (BhG 6.47). [Krishna:] De todos os iogues, aquele que me alcança pelo *Ātman*, que me reverencia repleto de *śraddhā*, este eu considero o melhor dentre os iogues.

(6-7) (BhG 7.21) [Krishna:] Seja qual for a forma de devoção, desde que efetuada com *śraddhā*, eu premiarei o devoto com o fortalecimento de sua *śraddhā*.

(8) (BhG 7.22) [Krishna:] Logo, eu preencho os desejos daquele que possui *śraddhā*. De modo que os desejos atendidos, o são através de mim [*Ātman*].

(9) (BhG 9.3) [Krishna:] Oh vencedor dos inimigos, aqueles que são desprovidos de *śraddhā* em relação ao *dharma*, não me alcançam. Eles renascem na via de *samsāra*.

(10) (BhG 9.23) [Krishna:] Oh filho de Kuntī, mesmo aqueles que são devotos de outras divindades, quando o são cheios de *śraddhā*, eles na verdade prestam reverência a mim [*Ātman*], ainda que não da maneira mais adequada.

(11) (BhG 12.2). [Krishna:] Aqueles que colocam suas mentes em mim [*Ātman*], reverenciando-me com disciplina e com a mais elevada *śraddhā*, são considerados por mim os mais perfeitos em [śuddha] *yoga*.

(12) (BhG 12.20). [Krishna:] Aqueles devotos que prestam reverência a este *dharma* imortal com *śraddhā*, reverenciando-me [*Ātman*] como o Supremo, me são extremamente queridos.

(13) (BhG 17.1). [Arjuna:] Oh Krishna, e aqueles que, embora negligenciando as Escrituras Sagradas, executam rituais religiosos plenos de *śraddhā*? Qual é a condição deles em termos de *sattva*, *rajas* e *tamas*?

(14) (BhG 17.2). [Krishna:] A *śraddhā* dos seres corpóreos classifica-se em três tipos. Sua inata natureza pode ser *sáttvica, rajásica* e *tamásica*.

(15-7) (BhG 17.3). [Krishna:] *A śraddhā* conforma-se com a natureza essencial de cada um, Oh Bhārata. Cada ser humano define-se pela sua *śraddhā*. Cada um é, na verdade, sua própria *śraddhā*.

(18) (BhG 17.13). [Krishna:] Define-se como *tamásica* a ação ritualística realizada sem *śraddhā*, sem a devida doação, sem nenhuma recitação de mantras, sem a distribuição de alimentos sagrados e que não obedece nenhuma regra.

(19) (BhG 17.17). [Krishna:] Quando a tripla austeridade [do corpo, da fala e da mente] é praticada com a mais elevada *śraddhā* pelas pessoas de autocontrole, que não se apegam aos frutos de suas ações, ela é considerada *sáttvica*.

(20) (BhG 17.28). [Krishna:] Oh Filho de Prithā, quando realizada sem *śraddhā*, qualquer oferenda ou prática ascética é considerada nula (*asat*) e não produz frutos, nem nesta vida nem na próxima.

(21) (BhG 18.71). [Krishna:] E qualquer pessoa que escute este diálogo com *śraddhā* e respeito também será liberada, alcançando os mundos daqueles cujas ações são virtuosas.

O texto da *Gītā* vale-se de Arjuna para mostrar como a śraddhā nasce daquela certeza sensível e fé em si mesmo que, na filosofia ocidental, é expressa pelo cogito cartesiano – a certeza indubitável. A primeira ocorrência do termo *śraddhā* aparece em BhG 3.31, relacionada ao processo de aprimoramento da ação. A ênfase é na ação, conforme o sentido presente no adjetivo *shraddhāvant*, que denota as pessoas possuidoras de *śraddhā*. Deste modo, Krishna indica a relação de *śraddhā* com a determinação de atender à Vontade Suprema, ou o *Ātman*. As ocorrências de *śraddhā* no capítulo quatro mostram a importância de se manter os órgãos dos sentidos sob controle (*samyatendriyah*). Krishna espera conseguir que Arjuna alcance o funcionamento ātman-para. O melhor treino é procurar sempre reagir aos estímulos do mundo exterior com os sentidos controlados, para que a luz do *Ātman* possa se manifestar (BhG 4.39). De outro modo, o resultado é o estado de confusão, que leva à destruição (BhG 4.40). A premissa implícita neste capítulo (BhG 4.1-9) é a validade do princípio de *lokasamgraha*, ou princípio do bem estar e equilíbrio universal, definido anteriormente (BhG 3.20 e BhG 3.25) e que garante a coerência do processo do mundo. De acordo com BhG 4.39-40, *śraddhā* surge como resultado de se colocar o ego (*ahamkāra*) sob a jurisdição e controle do Espírito (*Ātman*). Isto fica ainda mais claro nos versos BhG 6.37 e BhG 9.3, onde *śraddhā* representa uma espécie de ascetismo sereno da mente. Śraddhā conduz à verdade porque nos liberta dos véus de ilusão (BhG 7.22) que nos envolvem desde o nascimento (BhG 7.27-9).

Para a Gītā, o motivo propulsor (prayojana) da busca da verdade é o desejo sincero para alcançá-la e aceitá-la, mesmo quando ela contrarie todas as nossas crenças e expectativas anteriores. O enfrentamento sincero das dúvidas leva ao desenvolvimento de śraddhā, que pode se iniciar como uma inclinação forte, uma crença, mas que, invariavelmente, nos conduz aos estados de confiança e certeza interior que nos aproximam da verdade. As ocorrências do termo śraddhā no capítulo dezessete deixam evidente que *śraddhā* não pode ser traduzida como a mera fé religiosa. Traduzir a ocorrência de śraddhā em BhG 17.1 por fé geraria uma contradição, uma vez que é impossível conciliar a fé com a negligência em relação às Escrituras. Śraddhā não se define como "fé nas Escrituras", ou seja, não representa algo imposto de fora. Pelo contrário, as ocorrências de BhG 17.2-3 mostram que *śraddhā* define a natureza essencial de cada um. E é por isto que a medida de śraddhā representa o critério para a execução de qualquer atividade, conforme sugerem as demais ocorrências deste capítulo: qualquer coisa feita com *śraddhā* tem uma parcela de verdade, mas se feita sem *śraddhā* torna-se nula. Desse modo, a última ocorrência de *śraddhā* na *Gītā* (BhG 18.71) apenas confirma o que vimos: śraddhā é a condição *sine qua non* para se alcançar a verdade.

IV. *Śraddhā* como critério epistemológico de verdade

A experiência fenomenológica de Arjuna é ainda algo muito pouco explorado. Esta experiência retrata como o desenvolvimento de *śraddhā* corrige e atualiza o seu entendimento védico da realidade, conduzindo-o ao encontro consigo mesmo, no coração. Em função do caráter mais sectário e dogmático da literatura devocional dos *Purāṇas* e do próprio hinduísmo, o conceito designado por *śraddhā* sempre teve a sua importância ofuscada por *bhakti* (devoção, fé). Nesses textos a importância da ação costuma ser desprezada e *bhakti* aparece como o principal veículo para a salvação. Estabeleceu-se, desta forma, a leitura ainda corrente da *Gītā* que insiste em desconsiderar a real função teológica de *śraddhā* no texto. Daí a opção frequente de se privilegiar *bhakti* e traduzir *śraddhā* como "fé", tal como se vê nos trabalhos de K. L. S. Rao (1971 e 1989), Rembert Lutjeharms (2014) e Dilip Loundo (2015), dentre outros. Esta opção, no entanto, além de reduzir *śraddhā* à condição de mero coadjuvante, simples sinônimo de *bhakti,* contradiz estudos que demonstram como a atmosfera ritualística de *śraddhā* contrasta fortemente com o aspecto teístico de *bhakti* (HARA, 1963)[65]. É *śraddhā* que explica a mudança de estado de ânimo de Arjuna e a sua consequente decisão de acolher o conselho de Krishna. No contexto da *Gītā*, portanto, *śraddhā* é mais importante e central que *bhakti*, porque se apresenta como condição suficiente para resolver o dilema de Arjuna (TURCI, 2007).

A *Gītā* abarca tanto o campo das religiões, como o da espiritualidade pura. Esta distinção entre um e outro campo é importante, por expressar a marca característica por excelência do texto da *Gītā*. Basicamente, religião representa a crença na experiência espiritual de alguém. É algo que se transmite em uma tradição com mestres e discípulos. Espiritualidade significa ter esta experiência, tal como Arjuna a teve na *Gītā* e que tanto pode acontecer dentro como fora de qualquer instituição religiosa. Pode-se dizer que a *Gītā* considera o campo das religiões

[65] Se no *Ṛg Veda* śraddhā aparece no centro do pensamento religioso, na *Gītā*, passa para o centro onde se define a pessoa humana. Em 1963, antes mesmo de Minoru Hara iniciar o debate contemporâneo em torno do conceito de *śraddhā* no artigo, inocentemente intitulado, "Note on Two Sanskrit Terms – *bhakti* and *śraddhā*," Mrnal Das Gupta (1930) já havia identificado os problemas envolvidos na distinção dos termos *bhakti* e *śraddhā*. Embora Hara ignore o magistral trabalho de tese de Dr. Hans Werbin Köhler, *śraddhā in der vedischen und alt-buddhistischen Literatur* (Göttingen, 1948), publicado somente em 1973, seu estudo em torno dos termos *śraddhā* e *bhakti* é bastante cuidadoso e sofisticado. Hara concorda com a linha de argumento de Das Gupta, que na *Gītā* *bhakti* aparece como um termo dependente de uma compreensão teísta, quase cristã, da divindade. A ênfase em *bhakti* permite deslocar para um plano secundário o eixo não dual, monista, da *Gītā*, onde *Ātman* aparece com precedência sobre a divindade compreendida enquanto "pessoa".

politeístas por meio de distintas divindades védicas. Do mesmo modo, considera o campo das religiões monoteístas por meio da pessoa de Krishna e o campo das religiões de caráter monista (tanto ateístas como não teístas) por meio do Princípio Imanente e Transcendente designado pelo conceito de Ātman.

O método implícito que a *Gītā* ensina é que toda e qualquer opinião ou crença religiosa é um ponto de partida para a busca da verdade. De fato, é um corolário necessário da *Gītā* que todas as opiniões refutadas no texto contribuem para a verdade, em conformidade com a fórmula dialética que opõe a qualquer tese (*sañkalpa*), a sua antítese (*vikalpa*), como parte do processo que conduz à síntese ou (*anukalpa*). *Vikalpa*, com o sentido de dúvida, está no cerne do método científico e é o oposto do processo cognitivo inicial de formulação de uma hipótese, ou *sañkalpa*. Na Gītā, Arjuna pode questionar livremente Krishna porque já tem um conhecimento inicial. Ninguém pode voltar a sua atenção para aquilo sobre o que nada sabe. Para iniciar qualquer estudo, devemos pelo menos ter ouvido falar do assunto em questão. A visão inicial, o ponto de partida do conhecimento, varia de pessoa para pessoa, cada uma inicia a sua jornada com um ângulo de visão diferente. Ainda assim, independentemente do ponto de partida, por meio de śraddhā sempre será possível alcançar uma síntese que harmonize e explique os pontos de vista anteriores. Śraddhā, o ardor interior do coração, funciona como uma bússola, indicando o norte e apresentando-se ao sujeito do conhecimento como critério de verdade, força interior, confiança, entusiasmo, certeza e convicção em si mesmo.

Há sete virtudes principais segundo os teólogos da Igreja Católica: Prudência, Justiça, Temperança, Coragem, Fé, Esperança e Compaixão. Como nos alerta o Senhor Buda[66], a fé sem prudência não conduz à realização final. Do mesmo

[66] O Senhor Buda discute no *Kālāma Sutta* as limitações da razão que não se deixa iluminar pelo coração. O termo pali *śaddhā* é o equivalente do budismo para *śraddhā* conforme entendida na *Gītā*. Não é incomum os budistas argumentarem que enquanto as demais religiões se fundam na fé, no budismo a ênfase está em examinar as evidências disponíveis antes de se colocar o coração no caminho.

modo, nos alerta a ciência moderna, a fé sem prudência está em contradição com a razão. A única fé digna deste nome, portanto, é aquela fé interior, fé-em-si-mesmo, que contém como subprodutos todas as sete virtudes principais. Esta fé-em-si-mesmo, que está em consonância com os requisitos do Senhor Buda, corresponde ao que, na *Gītā*, se denomina śraddhā. Não é por outra razão que é incorreto traduzir śraddhā no texto da Gītā segundo o sentido teológico designado pelo termo "fé", embora esta continue sendo a opção utilizada pelos tradutores desavisados. A dúvida metódica e o livre pensar, que constituem o método científico e que no ocidente somente se iniciam com Descartes, constituem marcas características do diálogo da *Gītā*. O método científico e a própria ciência moderna nascem como negação da ciência religiosa fundada na mera fé. A fé (*fides*) representa algo de que não se pode duvidar; representa algo em que se deve acreditar mesmo na ausência de motivos racionais para tal. Fé é sempre "fé em algo exterior a si mesmo". Exemplo: "tenho fé (*fides*) nas verdades da Igreja". Já a arte de duvidar instala-se a partir de Descartes (1596-1650), quando este se vale do direito quase herético de duvidar metodicamente para, a partir daí, alcançar a primeira certeza (*cogito ergo sum* – penso, logo existo), superando, consequentemente, o paradigma medieval expresso como "*fides quaerens intellectum*" (a fé como o pressuposto do conhecimento). Bacon (1561-1626), de outro lado, formula em seu *Novum Organum* (1620) as etapas envolvidas na investigação científica: observação empírica, formulação de uma hipótese, experimentação e uma conclusão sobre a validade ou não da hipótese.

Śraddhā não se dissocia da ciência, pois não se traduz em dogma de fé, nem se opõe ao pleno funcionamento da razão. Isto porque *śraddhā* representa a dimensão da subjetividade na experiência humana. Não se refere a nenhuma classe de ações em particular, mas à atitude do sujeito. *Śraddhā* decorre de um sentimento que desabrocha no sujeito, quando este coloca o coração naquilo que acredita. Esta particularidade do conceito expresso pelo termo *śraddhā* permite argumentar, por exemplo, que as críticas avassaladoras que Wittgenstein faz em relação aos discursos de fé (NIELSEN, 1967), em nada ameaçam os discursos fundados em *śraddhā* – pelo contrário, funcionam até como contraprovas, que os validam. Em consequência, a expressão "*śraddhā quaerens intellectum*", além de corrigir e, em certa medida, salvar o edifício aristotélico-tomista, corroído com a derrocada do paradigma medieval – "*fides quaerens intellectum*" –, ainda confirma o "*cogito ergo sum*", sobre o qual se construiu a modernidade e se reinaugurou – ao menos no ocidente – aquele império da consciência, sugerido na inscrição das paredes do templo de Apolo, em Delfos: "*gnothi seauton*" – conhece-te a ti mesmo.

Constituindo-se como o elemento característico, a um só tempo, tanto da ciência, como das distintas expressões de fé religiosa, śraddhā representa a principal categoria para se compreender a unificação da ciência e da espiritualidade. Eventualmente, por intermédio de śraddhā, aprendemos a identificar o que constitui a ciência – e isto representa uma forma contemporânea de expressar o que pretendia Santo Anselmo quando cunhou a expressão "*fides quaerens intellectum*" para definir o paradigma da "ciência" de sua época. Ao se substituir na expressão de Santo Anselmo o termo bíblico *fides* (fé), refutado pela ciência moderna, pelo termo śraddhā, o resultado é a expressão categórica "śraddhā quaerens intellectum", que não está em contradição com a razão, nem com o que entendemos como "espiritual". Espiritualidade, sob quaisquer circunstâncias, pressupõe śraddhā. Além do mais, o seu significado sugere a reconciliação da razão e do sentimento – este serviria de luz[67], guia e inspiração para que a razão pudesse manter a sua boa direção. Daí o dizer de Blaise Pascal, "O coração tem razões que a própria razão desconhece... Nós compreendemos a verdade, não simplesmente pela razão, mas pelo coração".

Finalmente, para ilustrar como o conceito śraddhā está na base do edifício da nova ciência, basta considerar, brevemente, as ideias do filósofo Arne Naess, criador da ecologia profunda. Naess argumenta que o modelo de ciência vigente seria responsável, em grande parte, pela crise socioambiental. Em seu *Ecology, Community and Lifestyle* (1989), Naess admite ter se valido do sentido de verdade

[67] A famosa Alegoria da Caverna de Platão, presente em seu livro *A República*, apresenta um tratamento semelhante ao que aqui se descreve.

presente na *Gītā* para construir a filosofia monista que fundamenta a sua ciência ecológica. Naess vale-se de alguns dos versos da *Gītā*[68] para dar suporte ao conceito de Ātman, que elegera como a pedra fundamental do seu edifício, conforme definido em BhG 6.29: "Quem se harmoniza por meio do yoga percebe a presença de Ātman em todos os seres e de todos os seres em Ātman".

V. A meditação e a disciplina da mente

Quem olha para fora sonha, quem olha para dentro desperta. (Jung)

Podemos explicar a arte e a ciência da meditação reveladas na *Gītā* tomando como ponto de partida a reflexão sobre o significado do *praṇava*[69] AUM no texto. O *praṇava* simboliza o modo conforme o universo (*saṃsāra*) se origina e permanece em *Brahman*. Esta verdade intuitiva (*pratyakṣa*) surge na mente (*citta*) quando controlamos e harmonizamos (*nirodha*) a sua atividade (*vṛtti*) por meio da prática de meditação. O iogue, de mente disciplinada, age no mundo harmonizando as posições contrárias (tese ou *sañkalpa* e antítese ou *vikalpa*) e estabelecendo novas sínteses (*anukalpa*). Ele compreende o simbolismo dialético do *praṇava*, onde se oculta a ciência do mundo e do Ser. Na *Gītā*, a meditação está relacionada, exclusivamente, à mente. Significa contemplar como o mundo se origina do Ser, como o contém e como está contido nele. Este é o simbolismo contido no *praṇava* AUM.

A *Gītā* afirma que o Ser e o não Ser estão em estado latente em *Brahman* (BhG 15.16-7). Por isto se diz que ela lida com a ciência do devir. Ela explica o Ser (*sat*), o não Ser (*asat*) e o vir-a-Ser (*sva-bhāva*) por meio da análise e síntese dos

68 BhG 2.48, 2.71, 3.19, 3.27, 3.30, 4.17-23. 5.7, 5.18, 5.24-25 e 6.29-.32.

69 O termo "*praṇava*" designa o som AUM. Etimologicamente, significa "aquilo que renova". O som onomatopeico OṂ representa o ruído de fundo da radiação cósmica, o som primordial da Natureza. Representa o alento vital do universo em expansão. Diz-se que AUM expressa essa verdade ao atribuir significado às suas letras em consonância como o ancestral método conhecido como *akṣaramudrā*.

constituintes de AUM (geralmente escrito OṂ), a sílaba sagrada e o mantra de *Brahman*. De acordo com o *Atharva Veda*, o "A" denota o Espírito; o "U", a matéria; e o M, a relação de afirmação e negação simultânea que existe entre esses dois termos. A *Gītā* mostra como a ciência e a espiritualidade estão representados na sílaba sagrada (*praṇava*) AUM. Está implícito no AUM a ideia de que śraddhā é o terceiro constituinte (M), que compõe toda pessoa (*Jīva*), a partir da relação do Espírito (A) com a matéria (U). A trindade (AUM) é realizada como o Um (OṂ). O símbolo AUM conota os estados de multiplicidade e de unidade de *Brahman*.

A meditação, portanto, pode ser classificada conforme esses três modos possíveis: *Saguṇa Dhyāna* (meditação objetiva; associada à letra "U", que representa o não Ser); *Nirguṇa Dhyāna* (meditação subjetiva, associada à letra "A", que representa o Ser); e *Brahma Dhyāna* (meditação transcendental), associada à letra "M", que representa a relação dialética de negação e afirmação simultânea da identidade do Ser e do não Ser. *Saguṇa Dhyāna* leva à contemplação do aspecto essencial da natureza múltipla e da concretude de todos os seres; *Nirguṇa Dhyāna*, à contemplação do aspecto essencial da natureza unitária e abstrata do Ser; e *Brahma Dhyāna*, à contemplação da relação transcendente, de negação e afirmação simultânea da identidade entre as naturezas unitária e múltipla do Ser e do não Ser.

Krishna transmite a Arjuna o ancestral e puro Yoga, originalmente revelado a Vivasvat (BhG 4.1). Afirma que a mente é a mestra dos cinco sentidos e o seu equilíbrio e controle se expressam pelos nossos padrões de respiração (*prāṇa-apāna*-gatī), na medida em que estes representam as nossas relações e interações com o universo exterior (BhG 4.29). A disciplina mental não se separa da atividade (*kriya*) do iogue. Pelo contrário, define-se pela relação estabelecida com o *prāṇa* (movimento de interiorização, inspiração) e o *apāna* (movimento de exteriorização, expiração) para unificar o universo interior (*Dharma-kṣetra*) com o universo "exterior" (*Kuru-kṣetra*). O domínio e o controle sobre o processo de formação da vontade, que caracterizam a teoria e a prática da disciplina da mente, implicam na vinculação do universo interior à dialética do concreto, onde o profano que organiza o social (*varṇāśrama dharma*[70]) se deixa revelar como manifestação da essência do sagrado (*śuddha dharma*). A disciplina da mente implica tanto no poder para perseverar na prática da ação necessária, mesmo que desagradável, como em evitar a ação desnecessária, ainda que agradável. Representa, deste modo, o poder de discernir e seguir os chamados da consciência, que nos convocam para a batalha interior, e de rejeitar os chamados oriundos do nosso egoísmo, que nos convidam a aliviar a tensão e a satisfazer a nossa natureza inferior com prazeres temporais e falsas noções de dever e compromissos sociais.

Vários episódios do *Mahābhārata* mostram como é difícil apreender o que se entende como "disciplina" quando se lida com o conceito de sagrado (*dharma*) em sua pureza. O próprio Krishna deixa claro este aspecto quando retoma o diálogo com Arjuna na *Anu-Gītā*[71]. Neste episódio Krishna corrobora o ponto de vista de que a *Gītā* retrata uma experiência única e impossível de ser totalmente reproduzida na realidade. E este fato, por si só, indica que a *Gītā* não trata de uma "disciplina" no sentido convencional do termo. A disciplina, por assim dizer, "dialética" de que a *Gītā* trata, surge como uma fenomenologia da consciência. Se a narrativa maior do *Mahābhārata* apreende o campo do concreto, simbolizado no campo de batalha (*Kuru-kṣetra*) dos descendentes de *Kuru*, a *Gītā*, logo em seu verso de abertura, representa esse campo como o próprio cenário do sagrado (*Dharma-kṣetra*), ou seja, como o espaço da consciência universal, presente no oração de cada indivíduo, onde a ação é refletida, tornando-se substância para a filosofia moral.

[70] *Dharma* é um conceito difícil de delimitar e por vezes aparece até em oposição aos *Vedas*. No *Ādiparvan*, por exemplo, na passagem MBh 13.195.27-31, o pai de Draupadī condena o seu casamento e o considera contrário ao *dharma*, já Krishna argumenta em seu favor.

[71] Na *Anu-Gītā*, Krishna repreende Arjuna pela sua condição residual de um *aśraddadhāna* (desprovido de śraddhā), uma vez que Arjuna não consegue mais se lembrar da maioria dos ensinamentos da *Gītā*. A *Anu-Gītā* deixa claro que a espiritualidade discutida na *Gītā* não é exclusiva de qualquer sistema religioso em particular. A *Gītā* apresenta uma forma de espiritualidade assistemática, provada impossível de ser sistematizada na *Anu-Gītā*. A *Anu- Gītā* forma os capítulos 16 a 51 do *Aśvamedha-parvan* (Livro 14 do *Mahābhārata*). Ver a Edição Crítica do *Mahābhārata*, bem como a tradução inglesa da Vulgata de Pratap Chandra Roy, *The Mahābhārata of Krishna-Dwaipayana Vyāsa* (Calcutta: Oriental Publishing, 1883-96), Vol. 12, 25-101. A primeira tradução inglesa da *Anu-Gītā* aparece na serie de Max Müller, *The Sacred Books of the East* (1882).

Krishna discorre na *Gītā* sobre os dois aspectos da atividade da mente humana, entendidos até então como mutuamente exclusivos: *pravṛtti* (movimento de exteriorização, ou de ação concreta na realidade objetiva) e *nivṛtti* (subjetivo; movimento de interiorização – ou de "não ação" –, decorrente do entendimento e controle de todo o processo de formação da vontade). A ideia de síntese entre *pravṛtti* e *nivṛtti* está presente na *Gītā*[72], vinculando-a ao contexto geral do *Mahābhārata*. Arjuna, o príncipe guerreiro em seu processo externo (*pravṛtti*) e Arjuna, o discípulo em busca de auto realização (*nivṛtti*), deveriam alcançar a unificação por meio da disciplina do Śuddha Yoga, que nada mais significa que estabelecer-se no coração (*Ātman*) para, a partir daí, agir no mundo fenomenológico com maestria. *Pravṛtti* e *nivṛtti* compõem as duas asas necessárias ao voo rumo ao sagrado, os dois eixos da arte e da ciência da meditação e, consequentemente, daquilo que, modernamente, chamaríamos de fenomenologia da consciência. A síntese entre o movimento de *pravṛtti* (representado pelo drama de *Kurukṣetra*) e de *nivṛtti* (representado pelo drama de consciência de Arjuna), constitui o que aqui estamos chamando de "disciplina da mente".

O mundo às avessas do *Mahābhārata*, onde muitos papéis se invertem (Arjuna se traveste de mulher; os *Pāṇḍavas* vão para a floresta, mas depois retornam para a vida da cidade, etc.) nos remetem também ao contexto das alegorias que rompem com o que é geralmente aceito, promovendo o deslocamento da vida do seu curso habitual. A *Gītā*, não se deve esquecer, é reconhecida como uma alegoria poética da luta interior que se passa no ser humano. A disciplina da mente de que trata a *Gītā* é, antes, um convite para que se explore o texto em termos de tópicos tais como "o ser e o outro", "o discurso moral", "as múltiplas vozes", e assim por diante. Símbolos e alegorias constituem uma parte essencial da disciplina da mente da *Gītā*, tornando difícil a sua apreensão para os estudiosos pouco afeitos à pedagogia dialética desenvolvida na *Gītā*. Existe uma razão para isto: os teólogos ocidentais ainda identificam as interpretações alegóricas como resultantes de

[72] A referência a este entendimento, a partir dos termos *pravṛtti* e *nivṛtti*, é feita, mais explicitamente, nos versos BhG 4.21-2, 16.7-8 e 18.29-32.

um método hermenêutico equivocado[73]. Esta discussão foi reaberta por W. C. Smith quando este discutiu como os cristãos assimilaram o "rosário hindu", ou "*rudrākṣa*", nome composto que significa "os olhos de Rudra" (SMITH, 1981, 23). Smith percebe que a religiosidade hindu não pode ser compreendida sem se considerar as relações do domínio do simbólico. Impressionado com as suas descobertas em torno da unidade teológica subjacente à experiência religiosa da humanidade, propõe que se abandone o uso de termos como "religião", "hinduísmo", "cristianismo", etc. Ao perceber que o termo sânscrito *śraddhā* expressa a força do espírito e que representa, portanto, o universal por detrás dos distintos fenômenos religiosos, sugere a adoção do termo "espiritualidade" como substituto do termo "religião", para assim derrubar as barreiras entre as distintas doutrinas religiosas. Infelizmente, entretanto, quando se trata da *Gītā*, os tradutores ocidentais ainda insistem em traduzir *śraddhā* simplesmente por "fé", como se *śraddhā* pudesse ser reduzida a esta forma sectária, a "fé dos hindus", e não representasse a universal força do espírito e o critério de verdade que aproxima ciência e espiritualidade neste novo milênio.

VII. Considerações Finais

A *Gītā* sintetiza a disciplina da mente na inversão do funcionamento do ser de *guṇa-para* para *ātma-para*. Um pássaro não voa com apenas uma de suas asas e, segundo a *Gītā* , uma asa é este movimento de expirar, de exteriorizar (*pravṛ tti*); e a outra, o movimento de inspirar, de interiorizar (*nivṛtti*). Transcender a nossa maneira dual de ver as coisas significa desvelar os segredos da fenomenologia da consciência para respirar plenamente, fazendo da vida toda uma respiração sagrada (*prāṇāyama*), uma meditação sobre a unidade das realidades objetiva e subjetiva – as duas asas necessárias à harmonização do ser.

A *Gītā* associa o valor moral da ação, não com a ação em si mesma, mas com a sua motivação, segundo a consciência. Aquilo que deve ser entendido como dis-

[73] Este entendimento deriva dos escritos de Emanuel Swedenborg, especialmente, em *The True Christian Religion* (1771).

ciplina da mente na *Gītā* está em consonância com esta dimensão revolucionária da consciência que possibilita, em dados momentos, a ruptura com os valores da tradição, conforme propõe Krishna a Arjuna. A experiência fenomenológica de Arjuna sintetiza a disciplina da mente inferida no seu esforço de inversão do funcionamento de *guṇa-para* (fundado nos estímulos materiais) para *ātma-para* (fundado no coração) e a *Gītā*, já em seu verso inicial, nos convida para essa harmonização que possibilita alcançar a síntese de tudo que vemos de profano no mundo. A disciplina da mente é caracterizada a partir da esfera da razão e da sensibilidade de Arjuna, que como sujeito individual, na singularidade da sua experiência, relaciona-se com o sentimento de sagrado (*dharma*). E é este sentimento que orienta o desenvolvimento da disciplina da mente e vincula as realidades subjetiva e objetiva, de modo que a atividade humana se dê com vistas à emancipação do ser humano. É o funcionamento *ātma-para* que nos permite desenvolver a sintonia para perceber a vida e o universo como uma espécie de poema cósmico, onde o solo, os rios, a água, o ar que respiramos e a própria vida aparecem como partes de um todo sagrado e em perfeito equilíbrio.

O universo necessita ser visto como uma obra de arte. Não basta compreendê-lo pela razão. Torna-se necessário emocionar-se com ele, ou indignar-se, até, ante os casos de violência física ou estrutural. Nem a razão tecnicista da ciência do século passado, nem os antigos dogmas de fé possibilitaram esta solução, que passa por reaprender a olhar para este universo e para a vida como expressões de algo sagrado, holístico e ecológico. Conta a lenda que, interrogado sobre o que ensinava ao seu povo, um pajé americano teria respondido: primeiro, a escutar o coração; segundo, que tudo está ligado com tudo; terceiro, que tudo está em transformação; e quarto, que a Terra não é nossa, nós é que somos da Terra. Aí está a essência e o sentido do convite feito por Krishna na *Gītā* para Arjuna. O princípio subjacente ao ensinamento do líder indígena é que estamos todos conectados, somos partes de um mesmo organismo. Quando experimentamos deste princípio desenvolvemos o poder de atuar no mundo com amor, poder que a *Gītā* chama de śraddhā – a forma essencial mais elevada e nobre de *bhakti*. Tudo depende desta disposição para agir no exterior guiado pela luz interior, ou seja, desta disposição para nos tornarmos as mudanças que queremos ver no mundo.

Em suma, *śraddhā* resulta do esforço para superar o instinto animal de se regular apenas pelo grupo (funcionamento *guṇa-para*) e avançar no processo de individuação (funcionamento ātma-para). Implica em subordinar o individual (*ahamkāra*) ao coletivo (*Ātman*), sem prejudicar o pleno desenvolvimento da pessoa humana (*jīva*) dentro do tecido socioambiental. Nascemos em mistério, vivemos em mistério e morremos em mistério (Huston Smith). E, no entanto, semeamos o nosso próprio destino. Semeamos as nossas ações em nossos pensamentos; os hábitos, em nossos atos; o caráter, nos hábitos; e o destino, no caráter (Marion Lawense). Daí se afirmar que quem não vive como pensa, acaba pensando como vive (Paul Bourget), afastando-se, portanto, do sagrado que reside no coração. No dizer de Aristóteles, para o bem ou para o mal, o homem se torna aquilo que ele repete repetidas vezes repetidamente. E no dizer da *Gītā*, o homem se renova por meio da sua capacidade de fazer da sua conduta, de cada minúscula ação, um ritual de consagração para o despertar da consciência do Ātman e é a isto, em última análise, o que se designa por *śraddhā*, a energia do amor em ação.

Referências

1. Fontes Primárias

The Bhagavad Gita, tr. Belvalkar, S. K. Poona: The Bilvakunja Publishing House (1943).

The *Bhagavad Gita*: A New Translation, by Kees W. Bolle. Berkeley and Los Angeles: University of California Press (1979).

The Bhavavad Gītā, tr. Sargeant, W. Garden City: Doubleday & Company (1979).

The Mahābhārata. 18 vols. Tr. Kisari Mohan Ganguli. Ed. Protap Chandra Roy. Calcutta: Bhàrata Press (1883-96).

2. Fontes Secundárias

Das Gupta, Mrinal, "śraddhā and Bhakti in Vedic Literature." *Indian Quarterly* 6 (1930), 315-333 and 487-513.

Hara, Minoru "NOTE ON TWO SANSKRIT TERMS - *bhakti* and *śraddhā,*" Indo-Iranian Journal, VII, Hague: Mouton & Co (1964), 124-145.

Hara, Minoru, "Indra and Tapas", *The Adyar Library Bulletin v.* 39 (1975), 129-160.

Kane, Pandurang Vaman, *History of Dharmasàstra,* 2nd ed., Government Oriental Series Class B, No. 6, 5 vols. Poona: Bhandarkar Oriental Research Institute (1968-1977).

Kohler, Hans-Verbin, *Srad-dhà -In Der Vedischen Und Altbuddhistischen Literatur* Weisbaden: Franz Steiner Verlag (1973), 9-22.

Loundo, Dilip. A HERMENÊUTICA TRANSFORMATIVA DA BHAGAVAD GITA. In: Filosofia e Teologia da Bhagavad-Gita - Hinduísmo e Vaishnavismo de Caitanya - Homenagem a Howard J. Resnick. Ricardo Sousa Silvestre e Ithamar Theodor (org.) Curitiba: Juruá Editora (2015), 65-82.

Lutjeharms, Rembert. 2014. "FIRST FAITH: ON THE MEANING AND ROLE OF ŚRADDHĀ IN CAITANYA VAIṢṆAVA THOUGHT.» *ISKCON Studies Journal* 2: 71-110.

Naess, A., *Ecology, Community and Lifestyle.* Cambridge University Press, 1989.

Nielsen, Kai, "Wittgensteinian Fideism" *Philosophy* v. 42 1967, 191-209 [reprinted in *The Philosophy of Wittgenstein* v. 14. *Aesthetics, Ethics, and Religion*), edited by J. Canfield].

Rao, K. L. Seshagiri, "Sri Aurobindo on the Types of śraddhā (Faith) in the Gita," *Journal of Asian Literature*, Vol. 24, No. 1, East Lansing (1989).

Rao, K. L. Seshagiri, *The Concept of śraddhā.* Patiala: Roy Publishers (1971).

Shastri, Dakshina Ranjan, *Origin and Development of the Rituals of Ancestor Worship in India.* Calcutta: Bookland Private Limited (1963).

Smith, W. C., *Faith and belief.* Princeton, N.J.: Princeton University Press (1979).

Smith, W. C., *The faith of other men.* New York: New American Library (1963); reprint, New York: Harper & Row (1972).

Smith, W. C., *The meaning and end of religion; a new approach to the religious traditions of mankind.* New York: Macmillan (1963).

Smith, W. C., *What is scripture?: a comparative approach*. Minneapolis: Fortress Press (1993).

Turci, R. "Śraddhá in the *Bhagavad Gita*." Hamilton: McMaster University, Ph. D. diss. (2007a).

Turci, R. "A Experiência Paradigmática de Vyasa ou O Vigor da Comunicação e o Domínio do Processo de Formação da Vontade como parte da Experiência de Construção de uma Mídia Não violenta." *Intercom – Sociedade Brasileira de Estudos Interdisciplinares da Comunicação XXX Congresso Brasileiro de Ciências da Comunicação* (2007b)

http://www.intercom.org.br/papers/nacionais/2007/resumos/R1151-1.pdf

Turci, R. *Shraddhà in the Bhagavad-Gìtà : a magnetic needle pointing toward Brahmànirvàna*. Saarbrücken : VDM, Verlag D. Müller (2008a).

Turci, R. "Um Breve Discurso Acerca da História da Interpretação da *Bhagavad Gita*". *Intersignos.* Vol. I nº 1 (2008b), 29-42.

Turci, Rubens. "*Shraddhá*" *quaerens intellectum*: A certeza interior como pressuposto para o conhecimento". Anais do Scientiarum Historia II – Encontro Luso-Brasileiro de História das Ciências – UFRJ / HCTE & Universidade de Aveiro (2009), 823-9.

Turci, Rubens. A *Bhagavad* Gita e a India Moderna: Um Caso de Shraddhá. In: Brasil, Índia, África do Sul: emergência do Sul global (Alexander Zhebit (org.). Rio de Janeiro: Gramma (2010), 13-28.

Turci, Rubens. "Uma Visão Polifônica sobre a Gênese da Ciência do Sagrado na

Bhagavad Gita". Numen: revista de estudos e pesquisa da religião, Juiz de Fora, v. 14, n.2 (2011), 247-60.

Turci, Rubens. "Śraddhā in the Bhagavad Gītā: an Investigation on the primeval expressions of the contemporary paradigm on heart-philosophy". Internacional Journal of Dharma Studies (2015) 3:2 , doi:10.1186/s40613-015-0013-5.

Urquhart, David, The śraddhā: the keystone of the Bharmanical, Buddhistic, and Arian religions, as illustrative of the dogma and duty of adoption among the princes and people of India. London: D. Bryce (1857).

Impressão e acabamento
Gráfica da Editora Ciência Moderna Ltda.
Tel: (21) 2201-6662